Iburg

Mit Hafer gegen
die Fettleber

Anne Iburg, Diätassistentin und Diplom Oecotrophologin, schreibt seit über 25 Jahren Ernährungsratgeber. Aus ihren Ernährungsberatungen weiß sie, dass vielen Betroffenen eine Umstellung ihres Lebensstils nicht leichtfällt, da die Fettleber erst einmal nicht wehtut. Die einfachen Rezepte rund um die Haferflocke machen den Einstieg in eine leberfreundliche Ernährung leichter.

Das Rezept zum Coverfoto finden Sie auf S. 80

Anne Iburg

Mit Hafer gegen die Fettleber

Leberfasten: Mit 80 Rezepten für die Haferkur

TRIAS

Exkurs

Haferflocken-Falafel in Tortillawraps, S. 104

Liebe Leserin, lieber Leser!

Eine Fettlebererkrankung ist anfangs symptomlos, sie tut nicht weh, erhöht aber das Risiko für weitere, folgenschwere Erkrankungen. Mittlerweile leiden 25 bis 30 Prozent der Erwachsenen in Deutschland an einer Fettleber. Doch wenn Sie achtsam sind, erkennen Sie frühzeitig, dass mit Ihrer Leber etwas nicht in Ordnung ist. Ihr Hausarzt kann Ihre Leber untersuchen und bei einer frühzeitigen Diagnose sind die Heilungschancen der Leber hervorragend.

Ändern Sie nach der Diagnose nichts an Ihrer Ernährungsweise, dann gehen Sie das Risiko ein, dass sich gefährliche Folgeerkrankungen wie Leberentzündung, Leberzirrhose und Leberkrebs, aber auch Diabetes, Herz-Kreislauf- und Nierenerkrankungen entwickeln.

In diesem Buch erfahren Sie, wie Sie sich vor einer Fettleber schützen und wie Sie diese mit einer entsprechenden Ernährung erfolgreich therapieren können. Neben dem Verzicht auf Alkohol und Industriezucker spielen Haferflocken, eiweißbetontes Essen sowie eine sorgfältige Auswahl der Fette eine zentrale Rolle.

Legen Sie einmal pro Woche einen Leberentlastungstag ein, das ist Urlaub für Ihre Leber. Die Fettleber kann so das Zuviel an Fett wieder loswerden und sich regenerieren. Sie werden sehen, wie sich das Superfood Hafer mit seinen hochwirksamen Inhaltsstoffen auf die Gesundheit Ihrer Leber auswirkt. Lassen Sie sich von über 80 Rezepten jeweils mit den Zutaten Hafer, Haferflocken, -kleie, -schrot und -mehl begeistern.

Viel Spaß beim Lesen und Ausprobieren der Rezepte wünscht Ihnen

Anne Iburg

Mein Hafertag – Entlastung für die Leber

Morgens: Beeren-Porridge

Für eine mittelgroße Person
65 g kleinblättrige Haferflocken • 300 ml Milch (1,5 % Fett) • 50 g Beerenobst • Zimt, Kurkuma und Kardamom

- Kleinblättrige Haferflocken mit Milch aufkochen und unter Rühren so lange kochen, bis der Brei sämig wird.
- Beerenobst mit einer Gabel zerdrücken und unter das lauwarme Porridge rühren.
- Mit Zimt, Kurkuma und Kardamom abschmecken.

Tipp zum Süßen: Versuchen Sie, das Porridge ohne Zucker, Honig oder andere Süßungsmittel zu essen. Falls Sie das Porridge bei allem Mühen so nicht essen können, geben Sie etwas Süßstoff hinzu. Auch die Zuckeraustauschstoffe Xylit oder Erythrit sind in der Menge eines Teelöffels pro Mahlzeit erlaubt.

Mittags: Curry-Haferflocken-Suppe

Für eine mittelgroße Person
65 g grobblättrige Haferflocken • ½ TL Currypulver • 100 g Möhre • 400 ml Wasser • 1 TL Gemüsebrühe • 200 g Skyr • Salz • Gewürze Ihrer Wahl

- Grobblättrige Haferflocken mit Currypulver ohne Fett ein wenig anrösten.
- Möhre waschen, schälen, putzen und in kleine Würfel schneiden.
- Zusammen mit Wasser und Gemüsebrühe zu den Haferflocken geben, aufkochen und im geschlossenen Topf quellen lassen.
- Zum Schluss lauwarmen Skyr einrühren. Eventuell mit etwas Salz und anderen Gewürzen Ihrer Wahl würzen. So oder püriert essen.

Abends: Ingwer-Haferflocken-Suppe

Für eine mittelgroße Person
65 g kleinblättrige Haferflocken • 1 EL fein gehackten Ingwer • 100 g Lauchringe • 400 ml Wasser • 1 TL Gemüsebrühe • 100 g Magerquark

- Kleinblättrige Haferflocken zusammen mit fein gehackten Ingwer, Lauchringen und Wasser sowie Gemüsebrühe aufkochen.

- Das Ganze so lange kochen, bis die Suppe sämig wird.

- Noch lauwarm Magerquark einrühren.

Und nach den Hafertagen?

Nach den Entlastungstagen mit Hafer und viel Eiweiß fällt Ihnen eine ausgewogene und vollwertige Ernährung leichter. Ihr Süßhunger lässt deutlich nach. Ihre neue Devise lautet: »Kein Tag ohne Hafer! Ein Tag ohne Haferflocken ist ein schlechter Tag für meine Leber.« Ihre Fettleber erholt sich und gesundet.

Fettleber – die unterschätzte Gefahr

Eine nicht alkoholische Fettleber tut nicht weh und wird meist zufällig entdeckt. Gefährliche Folgeerkrankungen der Leber und weiterer Organe können auftreten.

Was ist eine Fettleber?

Die Fettleber ist eine Wohlstandserkrankung. Sie entwickelt sich, wenn die Leber die Energie aus den Nahrungsmitteln nicht übers Blut an andere Orte des Körpers abgeben kann, sondern selber in Form von Fett einlagern muss.

Die Diagnose Fettleber betrifft immer mehr Menschen in Deutschland mit teils dramatischen Folgen. Sie ist eine der häufigsten chronischen Erkrankungen. Wenn die Fettleber sich nicht durch übermäßigen Alkoholkonsum entwickelt, tritt sie als Folge von falscher und meistens hochkalorischer Ernährung auf. Vor allem versteckte Zucker stellen ein hohes Risiko dar.

Eine gesunde Leber sollte nur wenig Fett speichern. Muss die Leber aber mehr Fette einlagern, als sie abgeben kann, entwickelt sich mit der Zeit meist schleichend eine sogenannte Fettleber-Erkrankung, die zu einer Entzündung der Leber führen kann. Das Fachwort ist Steatohepatitis. Je nach Ausmaß unterscheiden Ärzte zwischen folgenden drei Formen:

- mild (weniger als ein Drittel der Leberzellen sind betroffen)
- mäßig (zwei Drittel der Leberzellen sind betroffen)
- schwer (mehr als zwei Drittel der Leberzellen sind betroffen)

Früher kannte man nur die alkoholische Fettleber (AFL), heute wird die nicht alkoholische Fettleber (NAFL) viel häufiger diagnostiziert. Daneben wird die sogenannte sekundäre Fettleber beschrieben, die häufig durch Medikamenteneinnahme verursacht wird.

Die nicht alkoholische Fettleber-Erkrankung ist die am weitesten verbreitete Lebererkrankung in den Industriestaaten: Etwa 20 bis 30 Prozent der Bevölkerung haben eine nicht alkoholische Fettleber.

Und da so viele Menschen in Deutschland darunter leiden, sprechen wir von einer Volkskrankheit.

Unspezifische Symptome einer Fettleber

Im Gegensatz zu anderen Organen verfügt die Leber kaum über das »Warnsystem« Schmerz. Eine überlastete Leber macht sich meist nur indirekt durch unspezifische Symptome wie Müdigkeit, Schlafstörungen, Blähungen, Übelkeit oder Appetitlosigkeit bemerkbar. Oft wird die Erkrankung deshalb nur zufällig entdeckt, etwa bei einer Ultraschall- oder einer Blutuntersuchung.

Druckgefühl im Oberbauch Im Anfangsstadium macht sich eine Fettleber gar nicht bemerkbar. Wenn die Leber anschwillt, können Patienten das zwar nicht direkt, aber auf Umwegen über deren Außenhülle, das sogenannte Leberparenchym, spüren. Diese bindegewebsartige Außenhülle der Leber, die das weiche Organ umschließt, hat sensible Nervenenden. Diese lösen Schmerzen im rechten Oberbauch aus, wenn die Leber sich vergrößert. Mit fortschreitendem Stadium werden die Druck- oder Völlegefühle stärker.

Appetitlosigkeit und Blähungen Viele klagen über Appetitlosigkeit. Die Lust auf regelmäßige Mahlzeiten nimmt ab und vermutlich werden vermehrt hochkalorische Snacks bevorzugt. Dieses Verhalten beschleunigt die Leberverfettung. Blähungen sind ein weiterer unangenehmer Nebeneffekt der Fettleber. Häufig kommt es in den frühen Morgenstunden zu starken Blähungen, die mit einem schlechten Schlafverhalten eingehen.

Müdigkeit und Abgeschlagenheit Symptome wie Schlafstörungen, Müdigkeit, fehlender Antrieb oder Konzentrationsstörungen weisen nicht direkt auf eine Lebererkrankung hin. Sie können Symptome für viele Krankheiten sein. Auch Leistungsabfall ist häufig ein subjektives Gefühl und kein eindeutiges Zeichen für eine Fettleber. Dennoch gilt der Satz aus der ganzheitlichen fernöstlichen Medizin: »Müdigkeit ist Schmerz der Leber.« Wer sehr häufig müde ist und eventuell ein erhöhtes Risiko für eine Fettleber aufweisen könnte, sollte seinen Arzt aufsuchen. Eine Ultraschallkontrolle oder die Bestimmung der Leberwerte klären auf.

Lebersternchen Das Wort »Lebersternchen« hört sich niedlich und nahezu harmlos an, ihr Auftreten ist aber bereits ein deutliches Zeichen für eine geschädigte Leber. Wenn nicht nur eine Fettleber, sondern schon eine Hepatitis vorliegt, zeigen sich häufig kleine Lebersternchen auf der Haut. Hierbei handelt es sich um eine sternenförmig aussehende Gefäßerweiterung, die aus einer kleinen Arterie in der Mitte und darum angeordneten kleinen Venen besteht. Lebersternchen finden sich vorwiegend an Kopf, Hals, Brust und Armen. Im Gesicht bemerkt man sie häufig zuerst an den Druckstellen der Brille. Bemerken Sie solche Hautveränderungen, dann sollten Sie nicht mehr warten, sondern Ihren Hausarzt aufsuchen.

Labor der Fettleber

Als Leberwerte bezeichnet man eine Gruppe mehrerer Blutwerte, die Schädigungen der Leber anzeigen können. Einige davon sind Enzyme, also Proteine, die den Stoffwechsel regulieren. Für die Leberzellen sind folgende Enzyme von Bedeutung:

- Aspartat-Aminotransferase (AST)
- Alanin-Aminotransferase (ALT)
- Gamma-Glutamyltransferase (Gamma-GT)
- alkalische Phosphatase (AP)

Zudem zeigen weitere Leberwerte an, ob das Organ richtig arbeitet.

- Quick-Wert (TPZ): Wert der Blutgerinnung
- Bilirubin: Abbauprodukt der roten Blutkörperchen
- Albumin: von der Leber hergestelltes Bluteiweiß
- Cholinesterase (ChE): von der Leber gebildetes Eiweiß

Aufgaben der gesunden Leber

Die stark durchblutet Leber wiegt etwa 1,5 kg und liegt unter den Rippen der rechten Brustkorbseite. Sie wird durch arterielles Blut mit Sauerstoff versorgt. Den größeren Anteil der Durchblutung macht venöses, nährstoffreiches Blut aus dem Darm aus. Die Nährstoffe Eiweiß, Fett und Kohlenhydrate verändert die Leber zu Stoffen, die der Körper nur in dieser Form gebrauchen kann. Fette und Zucker können in der Leber gespeichert werden, sodass wir mit diesen Energiereserven eine 24-stündige Nahrungspause überbrücken können. Eine weitere wichtige Aufgabe ist die Entgiftung. Nicht verwertbare oder gar schädliche Substanzen filtert die Leber aus dem Blut und baut diese ab.

Die fünf wichtigsten Aufgaben der Leber:

- Aufbau- sowie Ab- und Umbau von Fetten, Eiweißen und Kohlenhydraten (Stoffwechsel)
- Speicherung von Energieträgern (Glykogen, Fette)
- Entgiftung: Ab- und Umbau von Fremdstoffen wie Medikamenten oder Giften
- Bildung wichtiger Bluteiweiße und Blutgerinnungsbestandteile
- Produktion von Gallensäuren zur Fettverdauung

Sind Leberzellen geschädigt, verändern sich die Leberwerte. Die Enzyme AST, ALT, die auch als Transaminasen bezeichnet werden, sowie Gamma-GT, AP und das Bilirubin steigen an. Der Quick-Wert, das Albumin und die Cholestase sinken.

Veränderte Leberwerte kommen häufig vor. Manchmal sind keiner oder auch nur einer der Werte verändert. Wichtig ist zu wissen, dass die Veränderung von nur einem Wert wenig aussagekräftig ist. Sind mehrere Werte verändert, kann dies auf einen schweren Leberschaden hindeuten. Ihre Hausärztin oder Ihr Hausarzt kann Ihre Leberwerte richtig interpretieren. Sie erhalten in Ihrer Hausarztpraxis kompetente Hilfe und sollten bei schlechten Werten die Behandlung nicht schleifen lassen.

Warum ist die Fettleber so gefährlich?

Eine Fettleber tut nicht weh, doch sie erhöht das Risiko für weitere Erkrankungen. Eine Fettleber ist sehr häufig ein Indikator für eine ungesunde Lebensweise, die mit anderen Krankheiten wie Übergewicht, Diabetes oder Nierenerkrankungen in Zusammenhang steht.

Fettleber und Übergewicht

Was war zuerst da, die Fettleber oder das Übergewicht? Das ist schwer zu beantworten: Die Fettleber ist nicht nur eine Folgeerkrankung der Fettleibigkeit (Adipositas), sie ist zugleich auch eine Ursache, sie fördert also das Übergewicht. Durch den hohen Fettanteil im Organ kann die Leber nicht mehr richtig arbeiten. Der Leberstoffwechsel gerät durcheinander, das Gewicht steigt und das Abnehmen fällt immer schwerer. Es kommt noch schlimmer, die Leber gibt falsche Signale an den ganzen Körper – auch ans Fettgewebe. Botenstoffe, die für eine Fetteinlagerung sorgen, werden aktiv. Durch den nicht richtig funktionieren Leberstoffwechsel wird das Abnehmen immer schwieriger. Es entsteht ein Teufelskreislauf von Fettleber und Gewichtszunahme.

Fettleber und Diabetes

Etwa 70 Prozent der Menschen mit Diabetes Typ 2 haben auch eine nicht alkoholische Fettleber, das sind deutlich mehr als bei Nichtdiabetikern. Doch hier gilt auch der umgekehrte Fall: eine Fettleber steigert das Risiko, eine Insulinresistenz und damit einen Diabetes Typ 2 zu entwickeln. Hier stellt sich wieder die Frage nach der Henne und dem Ei. Was war zuerst? Vermutlich die Fettleber. Denn es gilt die Regel: je ausgeprägter die Fettleber, desto schlechter ist die Insulinwirkung an den Zellen. Ist die Wirkung des Insulins schlecht, dann sinkt der Blutzuckerspiegel nur langsam. Je schlechter sich unser Blutzuckerspiegel abbauen lässt, umso wahrscheinlicher wird die Diagnose Diabetes Typ 2.

Fettleber und Nierenerkrankungen

Leber und Niere sind funktionell eng miteinander verbunden. Beide Organe dienen der Ausscheidung von Stoffwechselendprodukten und Giftstoffen. Bei Lebererkrankungen tauchen auch oft Erkrankungen oder Funktionsstörungen der Nieren auf. Selbst bei einer schwach ausgeprägten Fettleber werden Substanzen freigesetzt, die von der Niere aus dem Blut gefiltert werden. Diese, aufgrund eines höheren Anteils ausscheidungspflichtiger Substanzen, erhöhte Filterleistung schadet dem Organ. Wenn die Niere beim Filtern durch unnötig viele Stoffe stark belastet wird, steigt das Risiko einer chronischen Nierenerkrankung wie der Niereninsuffizienz.

Fettleber und Herz-Kreislauf-Erkrankungen

Leber und Herz sind als einzige Organe in zwei Blutkreisläufe eingebunden. Stoffwechsel und Durchblutung verbinden beide eng, sie liegen im Körper nah beieinander. Durch diese enge Verbindung können Erkrankungen der Leber das Herz stark beeinflussen. Wenn die Fettleber immer weiter voranschreitet und das Organ nicht mehr richtig funktioniert, werden Stoffe als »Hilferufe« freigesetzt, die die Herzkranzgefäße attackieren können. Experten sind sich einig, wenn eine Fettleber nicht behandelt wird, werden Betroffene mit hoher Wahrscheinlichkeit herzkrank und das Risiko steigt, einen tödlichen Herzinfarkt zu erleiden.

Fettleber und Lebererkrankungen

Ob sich eine Fettleber zu einer Leberzirrhose entwickelt, hängt von möglichen entzündlichen Reaktionen ab. Je mehr Fett die Leber einlagern muss, umso größer wird das Risiko, dass es zu Entzündungsprozessen in der Leber kommt. Dann spricht der Mediziner von der Steatohepatitis bzw. Fettleberhepatitis, also einer Fettleber mit entzündlicher Reaktion.

Aus der Fettleberhepatitis kann sich eine Leberfibrose entwickeln. Die Zahl der aktiven Leberzellen nimmt ab, es kommt zu einer vermehrten Bildung von Bindegewebe. Die Leber verliert an Flexibilität. Tut der Patient immer noch nichts für seine Gesundheit, kann es im weiteren Verlauf zu einer Leberzirrhose und in der Folge auch zum Leberkrebs kommen. Die Leber vernarbt und schrumpft – das Endstadium einer Lebererkrankung. Dann ist die Leberfunktion stark einschränkt, es droht ein akutes Leberversagen – ein lebensbedrohlicher Zustand.

Fettleber und Fettpolster

Etwa 85 Prozent aller Menschen mit Adipositas leiden unter einer Fettleber. Das ist nicht verwunderlich, denn die Hauptursachen für die Entstehung von Adipositas und einer Fettleber sind identisch: Hochkalorisches Essen, zu häufiges Snacken, also viele kleine Mahlzeiten über den Tag verteilt, und viel zu wenig

Bewegung. Die Fettleber ist nicht nur eine Folgeerkrankung von Übergewicht, sie fördert auch gleichzeitig die Gewichtszunahme. Durch den hohen Fettanteil verändert sich die Leber, sodass sie nicht mehr richtig arbeiten kann. Der Stoffwechsel gerät durcheinander, das Gewicht steigt weiter und das Abnehmen fällt immer schwerer.

Gesundes und krankes Fettgewebe

Jeder gesunde Mensch hat Fettgewebe. Das Fettgewebe besteht in der Regel aus Fettzellen und Bindegewebe. Im Idealfall macht es 10 bis 22 Prozent des Körpergewichts aus, Frauen weisen etwa 5 Prozent mehr auf. Die Aufgabe des Fettgewebes ist, Fett aus der Blutbahn aufzunehmen, zu speichern und bei Bedarf wieder freizugeben. Am besten können wir Fett im Unterhautfettgewebe an Gesäß, Hüften und Bauch einlagern. Damit diese Aufgabe gut funktioniert, muss unser Fettgewebe mit Blutgefäßen und Nervenbahnen versorgt sein. Nimmt das Fettgewebe immer mehr zu, können Blutgefäße und Nervenbahnen nicht genügend nachwachsen, die ausreichende Versorgung des Gewebes ist nicht mehr gewährleistet. Das Fettgewebe verändert sich, es wird »krank«. Dann schüttet es Botenstoffe aus, die sich nachweisen lassen und die auf einen Entzündungsprozesses des Fettgewebes hinweisen.

Das Fettgewebe produziert Hormone und schüttet diese aus. Das bekannteste Hormon des Fettgewebes ist Leptin, mittlerweile kennt man mehrere Dutzend weitere bioaktive Substanzen (Hormone und Zytokine) des Fettgewebes. Das Zusammenspiel der einzelnen Stoffe ist noch nicht hinreichend erforscht. Doch nimmt man an, dass sich mit Zunahme des Fettgewebes die Produktion dieser Hormone verändert. Je mehr Fettgewebe im Körper vorhanden ist, umso mehr entzündungsfördernde Stoffe sind im Körper vorhanden, die von diesem Fettgewebe gebildet wurden. Das Fettgewebe schädigt so den Körper im Ganzen und im Besonderen andere Organe wie Leber, Herz und Blutgefäße.

Die Rolle des Bauchfetts

Das viszerale Fett (Bauchfett) gilt dabei als das gefährlichste Fettgewebe. Fetteinlagerungen an Hüfte, Po und Oberschenkeln sehen wir nach vorherrschendem Schönheitsideal als Problemzone, sie sind medizinisch aber eher unproblematisch. Das Fett in unserem Bauchraum ist die gefährlichere Variante. Diese Fettpartien scheinen wesentlich schneller schlecht mit Sauerstoff versorgt zu sein und stehen unter (oxidativem) Stress. Dies verstärkt die Freisetzung von Entzündungsstoffen, Hormonen und Zytokinen.

In diesem Stadium wird sogar Fett aus den Fettzellen freigesetzt. Das hört sich vielleicht nach Fetteinschmelze an, ist es aber nicht. Dieses Fett ist eine zusätzliche Belastung für die Leber. Es entsteht ein gefährlicher Teufelskreis: das entzündete Fettgewebe verliert seine Fähigkeit, Fett zu speichern und gleichzeitig müssen immer wieder neue Fettspeicher in Form von Fettzellen angelegt werden. Und dies passiert vor allem in der Bauchhöhle. Der Bauchraum kann schätzungsweise 4 bis 6 Liter Fett aufnehmen. Dieses Fett sammelt sich zwischen den Organen.

Dieses sogenannte viszerale Fett ist nicht nur aufgrund seiner hohen hormonellen Aktivität ein gesundheitliches Risiko. Es drückt auf unsere inneren Organe und setzt weitere Krankheitsprozesse in Gang. Nicht nur die Fettleber, sondern auch das viszerale Bauchfett begünstigen durch ihre Hormonaktivität Bluthochdruck, Diabetes und Entzündungsprozesse im Körper.

Schlank und doch eine Fettleber?

Bei immer mehr schlanken Patienten wird heute eine Fettleber diagnostiziert. Glaubt man den Schätzungen, dann haben etwa 40 Prozent der Schlanken zu viel Körperfett im Bauchraum.

Auch wenn der Body-Mass-Index (BMI) mit einem Wert von unter 25 Normalgewicht anzeigt, kann eine Fettleber vorliegen. Der BMI setzt Körpergröße und Gewicht in Relation zueinander. Der BMI berücksichtigt nicht, zu welchem Anteil das Körpergewicht aus Fett beziehungsweise Muskelmasse besteht. Das Problem der augenscheinlich Schlanken mit Fettleber ist ihre Körperzusammensetzung: zu wenig Muskelmasse, zu viel Fett. In der Fachwelt spricht man von »TOFIs«, eine Abkürzung für »thin outside, fat inside«.

Wie bei Übergewichtigen oder Adipösen lagert sich das Fett an den Organen ein. So strapazieren TOFIs ihre Gesundheit mit den gleichen Problemen wie sichtbar Übergewichtige: Fettleber, Bluthochdruck und deutlich erhöhte Risiken für Schlaganfall, Krebs oder Diabetes Typ 2. Sie sind somit versteckt dick und zählen nicht zu den Gesunden, die einen kleinen Anteil an innerem, gesundem Fett haben.

Woran erkenne ich, dass ich ein TOFI bin?

TOFI ist oft ein Ergebnis aus kalorienarmer Ernährung oder sehr kleinen Portionen von ungesunder, zuckerhaltiger sowie fettiger Ernährung, kombiniert mit Bewegungsmangel oder fehlendem Krafttraining. Der Körper ist zwar schlank und die Waage zeigt eine wundervolle Zahl an, doch das Bindegewebe ist schlaff. Als TOFI haben Sie ein schlankes Äußeres, schmale Gelenke, kaum Muskulatur, eingefallene Schultermuskeln und meist kleine Speckröllchen am Bauch.

Der Bauchumfang zeigt Ihnen, ob Sie zu den TOFIs gehören. Gemessen wird dabei auf Höhe des Bauchnabels. Liegt dieser Wert über 80 Zentimetern bei Frauen und 94 Zentimetern bei Männern, erhöht sich das Risiko für Erkrankungen deutlich. Denn die vom Fettgewebe freigesetzten Botenstoffe und Hormone können eine Entzündung der Fettzellen auslösen und bilden die Basis für eine Fettleber sowie für eine Insulinresistenz. Aus diesem Grund ist für TOFIs bei der Ernährung wichtig, den Zucker- und Weißmehlkonsum zu reduzieren und die richtigen Fette in der Ernährung einzusetzen.

Sind Sie ein Birnen- oder ein Apfeltyp?

Der Bauchumfang ist deshalb interessant, weil er die Verteilung des Fetts aufzeigt. Gesünder ist im Allgemeinen der Birnentyp mit seinen Pölsterchen an Po und Beinen. Auch wenn diese optisch störend sind, sind sie jedoch weniger stoffwechselaktiv.

Beim Apfeltyp lagert das Fett in der Körpermitte ein. Diese Pölsterchen sind hart und lassen sich schwer greifen. Zu diesem Typus zählen zum Beispiel Männer mit runden dicken Bäuchen, aber auch Frauen, die sich schlecht ernähren und wenig bewegen. Das sogenannte viszerale Fett, das Fett im Bauchraum, gilt als Hauptverursacher von ernährungsbedingten Erkrankungen. Messen Sie Ihren Bauchumfang, um Ihr persönliches Risiko für eine Fettleber einzuschätzen.

Fettverteilung beim Apfel- und Birnentyp

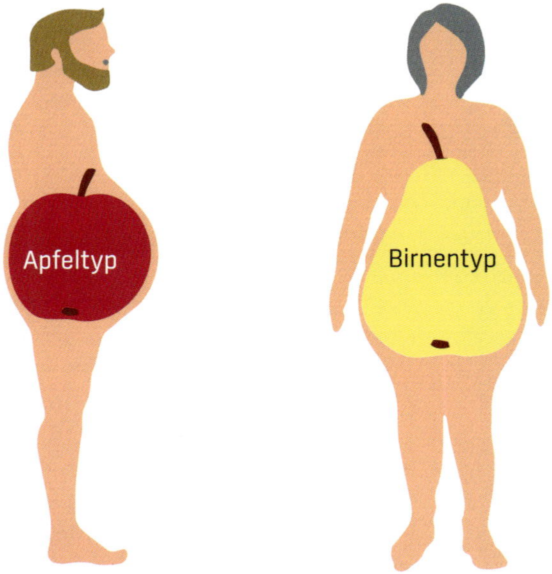

Mangiameli F, Worm N. Außen schlank – innen fett. Stuttgart: TRIAS; 2020.

Teamplayer: Leber und Bauchspeicheldrüse

Lagert die Leber zu viel Fett ein, dann wird in der Bauchspeicheldrüse mehr Insulin gebildet. Doch die Leberzellen reagieren nicht mehr korrekt auf den hohen Insulinspiegel.

Zusammen mit der Bauchspeicheldrüse regelt die Leber nicht nur den Blutzuckerspiegel, sondern auch den Stoffwechsel von Kohlenhydraten, Fetten und Eiweißen. Diese Hauptnährstoffe können von der Leber in übersichtlichen Mengen gespeichert und bei Bedarf mobilisiert werden. Kohlenhydrate wie Glukose werden in der Leber in Form von Glykogen gespeichert, das ist der Grund, warum wir nachts nichts essen müssen.

Doch der moderne Alltag, bestehend aus einem Schlaraffenland, kombiniert mit einer Stuhlgesellschaft, führt nicht nur zu einem ständigen Überangebot an Kalorien, sondern auch vor allem an schnell verfügbaren Kohlenhydraten, meist gepaart mit zu wenig Bewegung. Bei vielen Menschen - auch vermeintlich Schlanken – führt das zur schleichenden, lange unbemerkten Verfettung der Leber und, zeitlich verzögert, von der Bauchspeicheldrüse. Wenn die Leber verfettet, stellt sie ihr Sekretionsverhalten um und schüttet vermehrt Glukose sowie ungünstige Fette und Proteine aus.

Kommunikationsproblem

Die Bauchspeicheldrüse produziert in besonderen Zellansammlungen, sogenannten Langerhans-Inseln, stoffwechselaktive Hormone. Ein Teil dieser spezialisierten Strukturen sind die Beta-Zellen. Sie produzieren das Hormon Insulin, das für die Verwertung des Zuckers im Blut zuständig ist. Insulin sorgt dafür, dass der Zucker aus dem Blut in die Leberzellen sowie in die Zellen des Muskel- und Fettgewebes gelangt, wo er zur Energiegewinnung verbrannt oder in Fett umgewandelt und als Reserve eingelagert wird. Insulin senkt also den Blutzuckerspiegel.

Ist die Leber verfettet, dann funktioniert die Aufnahme von Glukose in die Leber trotz vorhandenem Insulin nicht mehr sehr gut. Medizinier sprechen von einer Insulinresistenz der Leberzellen. Diese Unempfindlichkeit auf Insulin führt zu einem biochemischen Kommunikationsproblem. Die Leberzelle »versteht« den Botenstoff Insulin nicht mehr. Daher kann das Hormon Insulin die Zellmembran nicht davon »überzeugen«, Zucker aus dem Blutkreislauf aufzunehmen. Diese Insulinresistenz betrifft alle Körperzellen, die eigentlich Glukose aufnehmen sollen. Die Glukose wird nicht mehr ausreichend verbraucht, gleichzeitig wird aber immer neuer Zucker mit dem Essen aufgenommen und in die Blutbahn abgegeben. Der Blutzuckerspiegel steigt an. Langfristige Folge sind ein stetig zu hoher Blutzuckerspiegel, eine Erschöpfung der Langerhans-Inseln der Bauchspeicheldrüse und in letzter Konsequenz ein Typ-2-Diabetes.

Übrigens: Teamplayer sind Bauchspeicheldrüse und Leber auch in der Verdauung der Nahrung. Für den Abbau der mit dem Essen aufgenommenen Nährstoffe in resorbierbare Bausteine braucht der Körper neben Magensäure viele verschiedene Enzyme. Diese werden von der Bauchspeicheldrüse gebildet. Sie spalten die Riesenmoleküle des Speisebreis in einfache Kohlehydrate, Aminosäuren und Fettsäuren auf. Ohne diese Vorarbeiten der Bauchspeicheldrüse könnte die Leber, unsere »Chemie-Fabrik« im Körper, nicht arbeiten.

Stress schlägt auf die Leber

Im Volksmund heißt es »Stress schlägt auf den Magen«, ergänzen sollte man, dass Dauerstress weitreichende Folgen auf andere Organe, wie die Leber, haben kann. Die moderne, digitalisierte Welt lässt ein Leben ohne Stress kaum noch zu. Täglich sind wir einem nie abreißenden Strom von Reizen ausgesetzt. Allein dadurch werden innere Ruhe und Ausgeglichenheit empfindlich gestört. Hinzu können die stetig steigenden Anforderungen in der Familie und am Arbeitsplatz uns an unsere Grenzen bringen. Wird der Alltag zur Belastung, weil der Stress nicht enden will, können Körper und Geist schnell in Mitleidenschaft gezogen werden.

Eigentlich steht hinter dem Phänomen Stress zunächst einmal ein harmloser sowie lebensnotwendiger Mechanismus, der vom Gehirn ausgelöst wird und der den Körper gegen eine Bedrohung wappnet. In kürzester Zeit schütten Drüsen im Körper Stresshormone wie Cortisol und Adrenalin ins Blut aus. So werden die Sinne geschärft und Höchstleistungen ermöglicht. Sobald die Stresssituation vorbei ist, lassen Anspannung und Aufregung nach. In einer kurz anhaltenden Phase von Stress kann dieser positiv empfunden werden. Doch bleibt die Konzentration der Stresshormone auf Dauer hoch, können wir unseren Körper nicht mehr »runterfahren« und bleiben Erholungsphasen aus, dann belastet das viele unserer Organe.

Auch die Leber reagiert sensibel auf Stress. Ist das Stresshormon Cortisol dauerhaft erhöht, wird mehr Fett in die Leber eingelagert. Langfristiger Stress fördert somit die Entwicklung einer Fettleber. Ursache sind gestörte Stoffwechselprozesse, es kommt zu einer Insulinresistenz und vermehrter Insulinausschüttung – ohne dass der Blutzucker sinkt – und damit zu einer Drosselung des Fettabbaus.

Fruktose ist Gift für die Leber

Fruktose, der sogenannte Fruchtzucker, kommt vor allem in Früchten wie Äpfeln, Birnen und Beeren vor. Es handelt sich dabei wie auch bei der Glukose um einen Einfachzucker, doch wird er als Energielieferant ganz anders vom Körper verstoffwechselt. Während Glukose immer nur in Anwesenheit von Insulin kontrolliert in jede Körperzelle aufgenommen wird, kann Fruktose nur von der Leber aufgenommen und verstoffwechselt werden. Dabei kann Fruktose, ähnlich wie Alkohol, unkontrolliert in die Leberzellen gelangen. Es gibt für Fruktose keinen Türöffner wie das Insulin im Fall der Glukose. Die Leber wandelt daher einen Großteil der Fruktose in Fett um.

Mit geringen Mengen an Fruktose kommt die Leber klar, aber ein zu hoher Fruktosekonsum, insbesondere kombiniert mit einem hohen Kalorienkonsum, überfordert die Leber. Die Folgen sind eine Verfettung der Leber, Fettablagerungen im Körper, Übergewicht und eine Störung des Fettstoffwechsels. Fruktose in höheren Konzentrationen stört die Fähigkeit der Leber, Fette richtig zu verstoffwechseln. Dieses Phänomen tritt auf, wenn eine fettreiche Ernährung durch Fruktose ergänzt wird. Traubenzucker, auch Glukose genannt, führt nicht zu diesem unerwünschten Effekt.

Vereinfacht lässt sich sagen, Fruktose ist ein Survival-Stoff für Notzeiten, hilft uns aber nicht in der Überflussgesellschaft. Viel Fruktose führt zu hohen Harnsäurewerten, da Fruktose die körpereigene Purin-Synthese aktiviert und die Ausscheidung von Harnsäure, dem Abbauprodukt der Purine, über die Niere blockiert. Ein hoher Harnsäurewert macht Hunger, aktiviert die Speicherung von Fett im Gewebe, erhöht den Blutdruck und fördert die inflammatorischen Prozesse.

Zucker besteht zur Hälfte aus Fruktose

Also ist fruktosehaltiges Obst dann ungesund? Nein, Ernährungsexperten

3 Tipps für mehr Gemüse und Obst im Alltag

1. Vorrat
Gemüse und Obst regelmäßig einkaufen. Wer zu haltbaren Sorten greift, muss nicht so oft in den Laden.

2. Preppen
Unterwegs oder auf der Arbeit ist eine Dose mit aufgeschnittenem Gemüse oder Obst praktisch, denn so geht gesundes Snacken. Wenn morgens die Zeit fehlt, darf der Snack auch schon abends geschnitten werden. Über Nacht am besten in den Kühlschrank legen.

3. Sauerkonserven
Auch sauer eingelegtes Gemüse zählt. Saure Gurken, Kimchi und Mixed Pickels passen prima zu belegten Broten.

und wissenschaftliche Studien belegen, dass große Mengen Obst und Gemüse in der täglichen Ernährung sich positiv auf unsere Gesundheit im Allgemeinen und im Besonderen auf unsere Lebergesundheit auswirken. Auch wenn viele wissen, dass »viel Obst essen« gesund ist, klafft zwischen Theorie und Praxis eine große Lücke. Die Realität zeigt, dass viel zu selten Obst und Gemüse gegessen werden. Auch wer zwei Portionen Obst am Tag isst, bleibt in der Regel unter 20 Gramm Fruktose am Tag. Ein Glas Frucht-Smoothie oder Obstsaft enthält deutlich mehr Fruktose. Bei täglichem Konsum kann das die Leber schädigen.

Die Frage ist also, woher kommt die viele Fruktose, die der Leber schadet? Der normale Haushaltszucker besteht zur Hälfte aus Glukose, zur anderen Hälfte aus Fruktose. Die Zuckerverbrauchsstatistik deutet darauf hin, dass in Deutschland und auch in anderen westlichen Industrieländern viel Fruktose durch gewöhnlichen Zucker und zuckerhaltige Lebensmittel wie Süßgetränke, Süßigkeiten, Kekse und Kaffeeteilchen aufgenommen wird. Ein Beispiel: Mit 80 Gramm Vollmilchschokolade wird die gleiche Menge Fruktose aufgenommen wie mit zwei Stück Obst (300 Gramm). Der eigentliche Übeltäter ist also der Industriezucker.

Obst ist und bleibt gesund

Obst und Gemüse liefern viel Vitamin C und Beta-Carotin, außerdem sind sie reich an sekundären Pflanzenstoffen. Letztere haben positive Wirkung auf Fitness und Leistungsfähigkeit und schützen vor Krankheiten, unter anderem der Leber. Sekundäre Pflanzenstoffe gelten als die Schutzschilder unserer Lebergesundheit.

Sport bei Fettleber: Ist das effektiv?

Bewegung ist neben einer ausgewogenen Ernährung ein sehr wirksames Mittel, übermäßiges Fett aus der Leber zu entfernen und die Insulinresistenz abzubauen.

Wenn wir Sport treiben, nimmt das Körperfett ab und die Fettleber kann gesunden. Ihre Leber dankt Ihnen den Sport: Dies gilt sowohl präventiv für gesunde als auch als therapeutisch für bereits an Fettleber erkrankte Personen. Eine Studie konnte zeigen, dass Personen nach acht Wochen Training auf dem Fahrradergometer ihren Fettgehalt in der Leber um 13 Prozent reduzieren konnten. Das ist ein supergutes Ergebnis. Also, Fahrradergometer ins Wohnzimmer stellen, Lieblingssendung schauen und nicht mehr dabei auf der Couch, sondern auf dem Ergometer sitzen und radeln. So haben Sie sich sportlich betätigt und Ihre Leber wird wieder gesund. Sport machen kann jeder. Hören Sie auf Ihren Körper und fangen Sie in Ihrem Tempo an. Ihr Körper bedankt sich für jede sportliche Betätigung.

Regelmäßige Bewegung ist erforderlich

Der Nutzen des Sports geht allerdings schnell wieder verloren, wenn Sie die regelmäßige Aktivität beenden. So werden Sie wieder an Körpergewicht zulegen, wenn Sie den Sport beenden. Und auch die Leber sowie andere Organe, wie Herz oder Lunge, fallen schnell in den ursprünglichen kranken Zustand zurück. Die positiven Effekte des Sports, wie höhere Muskelmasse und größeres Lungenvolumen, bilden sich zurück: also dranbleiben!

Regelmäßige Bewegung wirkt sich nicht nur auf die Leberwerte positiv aus, auch der Blutdruck wird harmonisiert, die Cholesterin- und Zuckerwerte können sich verbessern. Bei einer körperlichen Aktivität werden Ihre Muskeln aktiviert, die für ihre Arbeit Glukose benötigen. Mit einem gesunden Blutdruck, Cholesterin- und Blutzuckerspiegel reduzieren Sie Ihr Risiko für eine Fettleber.

Ausdauer- und Krafttraining

Alle Ausdauersportarten wie Wandern, Laufen, Schwimmen oder Radfahren sind ideal für die Gesundung der Fettleber. Wichtig ist, dass Sie die von Ihnen gewählte Sportart mögen. Nur, wenn Ihnen etwas Spaß macht, bleiben Sie dran. Und da es meist nicht nur um die Gesundung der Fettleber, sondern auch um eine Gewichtsreduktion geht, ist ein zusätzliches Krafttraining zum Muskelaufbau sinnvoll. Einmal die Woche ins Fitnessstudio zu gehen, ist eine gute Idee.

Los geht es!

Welche Sportart, ob Schwimmen, Fahrradfahren, Joggen oder Nordic Walking, für Sie die richtige ist, hängt von Ihren Vorlieben und Ihrer individuellen Leistungsfähigkeit ab. Fangen Sie langsam an. Nicht gelegentlicher Übereifer, sondern regelmäßige Bewegung, möglichst zwei- bis dreimal in der Woche, lässt Ihr Leber- und Köperfett weniger werden. Beim Ausdauersport sollten Sie nicht aus der Puste kommen. Egal, ob Sie radeln, laufen oder walken, es sollte möglich sein, dass Sie dabei ein Gespräch führen können. Dann liegt Ihre Herzfrequenz im richtigen Bereich. Erkennen Sie Ihre Grenzen, denn überzogener sportlicher Ehrgeiz kann oft mehr schaden als nutzen.
Und hier noch ein guter Tipp von mir: Gemeinsam macht Sport doppelt Spaß. Suchen Sie Gleichgesinnte im Freundes- oder Bekanntenkreis, oft fehlt nur ein kleiner Anstoß.

Jeder Schritt zählt!

Auch wenn Sie kein Fitnessstudio besuchen möchten, können Sie gezielt mehr Bewegung in Ihren Alltag integrieren. Es gibt zahlreiche Dinge, die Sie tun können, um sich täglich fit zu halten.

1. Kurze Strecken immer zu Fuß oder mit dem Rad Lassen Sie das Auto stehen und gehen Sie kurze Strecken zu Fuß oder nutzen Sie Ihr Rad. Die Strecke zum Bäcker für die Frühstücksbrötchen können Sie sicher in weniger als 20 Minuten zurücklegen. Beim Gehen und Radfahren aktivieren Sie 70 Prozent Ihrer Körpermuskulatur, daher ist es das perfekte Workout für jedes Alter und eignet sich sehr gut als Bauch- und Leberfettkiller.

2. In öffentlichen Verkehrsmitteln lieber stehen statt sitzen Der Weg zur Bus- oder U-Bahn-Station sorgt für mehr Schritte als der Gang zum Auto. Sie können das noch toppen, überlassen Sie Ihren Sitzplatz im öffentlichen Nahverkehr lieber anderen. Denn Stehen verbrennt Kalorien und stärkt Ihre Muskulatur.

3. Steigen Sie eine Station früher aus Richten Sie es zeitlich so ein, dass Sie eine Bus- oder U-Bahn-Station früher aussteigen. Dadurch können Sie direkt ein paar Meter gehen und frische Luft schnappen. Legen Sie sich am besten eine Smartwatch oder eine App auf Ihrem Handy zu. So können Sie überprüfen, ob Sie die empfohlenen 6000 bis 10000 Schritte schaffen.

4. Treppensteigen statt Fahrstuhl fahren Entscheiden Sie sich immer für die Treppe, ignorieren Sie Aufzüge und Rolltreppen. Dabei trainieren Sie Ihre Oberschenkel- und Popomuskulatur und steigern Ihre Kondition.

5. Putzen und Gartenarbeit als Fitnesseinheit Wenn Sie Putzen und Gartenarbeit als kostenfreies Abnehmprogramm verstehen, schlagen Sie gleich zwei Fliegen mit einer Klappe. Sie verbrennen Kalorien und außerdem sind nach getaner Arbeit Ihre Wohnung bzw. Haus sauber und Ihr Garten gepflegt.

6. Vor dem Fernseher ist Ihr Personal-Fitness-Bereich Gehören Sie zu den Serien- und Filmjunkies? Dann erweitern Sie dieses Hobby mit einer Sporteinheit vor dem Fernseher oder Tablet. Beliebt ist das Training auf dem Ergometer, Stepper oder Laufband. Außerdem finden Sie im Internet zahlreiche kostenfreie Kardio-, Yoga- oder Muskelaktivierungsprogramme. Das Richtige für Sie ist bestimmt schon im Netz hochgeladen. Sie müssen es nur noch suchen und starten.

7. Starte frühzeitig in den Tag Morgensport wirkt wahre Wunder. Stehen Sie

Kalorienverbrauch im Alltag

Aktivität	Frau (65 kg)	Mann (75 kg)
Einkaufen	160 kcal/Std.	220 kcal/Std.
Gartenarbeit	200 kcal/Std.	280 kcal/Std.
Staubsaugen	180 kcal/Std.	230 kcal/Std.
Schnee schaufeln	400 kcal/Std.	480 kcal/Std.
Möbel umstellen	320 kcal/Std.	370 kcal/Std.
Fenster putzen	170 kcal/Std.	200 kcal/Std.
Aufräumen	150 kcal/Std.	310 kcal/Std.
Rasen mähen	220 kcal/Std.	240 kcal/Std.

eine halbe Stunde früher auf und legen Sie Ihr Sport-Outfit direkt bereit. Egal, ob Sie zwanzig Minuten joggen oder zügig spazieren gehen, Yoga oder Pilates machen: Wenn Sie bereits aktiv in den Tag starten, fühlen Sie sich einfach großartig.

8. Machen Sie Ihre eigene Tanzparty Let's dance! Drehen Sie Ihre Lieblingsmusik laut auf und tanzen Sie in ihrem Zuhause. Tanzen macht gute Laune, es werden Glückshormone freigesetzt. Und noch so ganz nebenbei wird Ihr Bauch schlanker und die Fettleber schrumpft.

9. Mit Misserfolgen umgehen! Sie haben sich sportlich so viel vorgenommen und sind von sich enttäuscht, dass Sie das nicht schaffen? Nicht aufgeben, Kopf hoch. Vielleicht passt Ihr Plan noch nicht richtig zu Ihnen! Reduzieren Sie das Bewegungsprogramm oder suchen Sie nach anderen Möglichkeiten: anderer Zeitpunkt, weil Sie nun mal kein Morgenmensch sind, oder andere Sportart, weil Sie vielleicht Laufen schon immer langweilig fanden.

10. Loben Sie sich selbst! Eigenlob stinkt niemals! Wenn Sie sich nicht selbst loben und motivieren können, wer soll es denn dann tun? Die gute Fee oder der Prinz an Ihrer Seite? Da warten Sie vergebens. Sie müssen die gute Fee für sich selbst sein.

Kalorienverbrauch bei sportlichen Aktivitäten

Aktivität	Frau (65 kg)	Mann (75 kg)
Golf	263 kcal/Std.	338 kcal/Std.
Laufen (langsam, 5 km/h)	298 kcal/Std.	383 kcal/Std.
Nordic Walking (langsam, 4 km/h)	240 kcal/Std.	307 kcal/Std.
Radfahren (gemütlich, circa 15 km/h)	351 kcal/Std.	450 kcal/Std.
Schwimmen (moderat)	351 kcal/Std.	450 kcal/Std.
Tanzen	263 kcal/Std.	338 kcal/Std.
Tennis	351 kcal/Std.	450 kcal/Std.
Wandern (bergauf, mit 0–5 kg Rucksack)	410 kcal/Std.	525 kcal/Std.

Ernährung für die Leber

Die Leber kann sich selbst heilen und vollständig gesunden. Mithilfe einer Umstellung Ihrer Ernährung entlasten Sie Ihre Leber sowie Ihren ganzen Körper.

1. Schritt: Entlastungstage für die Leber

Die Selbstheilung der Leber springt außerordentlich schnell und gut an, wenn Sie mit einer Entlastungphase starten und die Entlastungstage immer mal wieder einsetzen, um Ihrer Lebergesundheit einen Stups zu geben.

Starten Sie mit Entlastungstagen

Auch wenn wir immer mehr Wissen über den Leber- und Energiestoffwechsel im Allgemeinen haben, gibt es bis heute noch kein Medikament, das die Fettleber heilt. Der erfolgreichste Weg ist eine Änderung des Lebensstils. Es reicht nicht aus, ab und zu ein bisschen gesund zu essen. Eine echte Ernährungsumstellung muss her. Worauf es dabei ankommt, erfahren Sie auf den folgenden Seiten.

Gönnen Sie Ihrer fleißigen Leber mal Urlaub. Sie leistet zuverlässig jeden Tag Schwerstarbeit, insbesondere dann, wenn wir viel essen, reichlich Kohlenhydrate genießen und den Tag mit einem Glas Wein oder Bier ausklingen lassen.

Neben einer ausgewogenen, eiweiß- und pflanzlich betonten Ernährung spielt Hafer als Superfood eine wichtige Rolle. Haferflocken mit ihrem Lebergesundheitsstoff Beta-Glucan reinigen Ihre Leber. Mit Leichtigkeit lassen sich über 300 Studien zu Hafer innerhalb der letzten 20 Jahre finden, die zeigen, dass die Inhaltsstoffe der Haferflocken alles besitzen, um Ihre Leber zu entfetten und damit zu heilen.

Seine vielfältigen Effekte nutzen Sie am besten, wenn Sie mit Entlastungstagen beginnen und anschließend Haferflocken täglich in Ihren Speiseplan einbauen. Das hält Ihren Blutzuckerspiegel niedrig und hilft Ihrer Fettleber im Heilungsprozess enorm. Ihr Energiestoffwechsel läuft dann wieder rund und ganz nebenbei nehmen Sie Körpergewicht ab.

Die Entlastungstage sind keine Dauerdiät, sondern werden zwei, max. vier Tage am Stück durchgeführt. Der Stoffwechsel der Leber wird angekurbelt. Die Fettverbrennung läuft nach den Entlastungstagen runder und Sie wechseln dann viel leichter in eine leberfreundliche Kost.

An den Entlastungstagen essen Sie drei Mahlzeiten am Tag. Sie bestehen grundsätzlich aus Haferflocken und fettarmen Milchprodukten.

So funktioniert es

Grundprinzip Sie essen dreimal am Tag eine Portion Haferflocken mit einem Milchprodukt. Die Menge richtet sich nach Ihrer Körpergröße. Die Körpergröße in cm minus 100 ergibt die Portion Haferflocken, die Sie pro Mahlzeit essen können. Sie sind z. B. 1,70 m groß, dann ist Ihre Haferflockenmenge pro Mahlzeit 70 g.

Zubereitung der Haferflocken Die Haferflocken mit bis zu 450 ml fettarmer Milch kurz aufkochen und ca. 5 Minuten im geschlossenen Topf quellen lassen. Je nach Geschmack mit Kräutern, Zwiebeln, Gemüse oder Beeren verfeinern. Wer aufs Kochen verzichten will, der lässt die Haferflocken in etwa 300 ml kalter Buttermilch quellen. Alternativ können Sie auch andere Milchprodukte verwenden. Maximal sollen aber pro Mahlzeit nicht mehr als 450 ml Milch, Buttermilch oder Kefir, 300 g Naturjoghurt oder Skyr, oder 250 g Magerquark, mit Mineralwasser oder Milch cremig gerührt, verwendet werden.

Wer mehr Aroma von seinen Haferflocken haben möchte, kann diese vor der weiteren Verarbeitung in einer beschichteten Pfanne ohne Fett leicht rösten.

Folgende Zusätze sind pro Tag erlaubt, um eine geschmackliche Abwechslung zu erreichen:

- 50 g Erdbeeren, Blaubeeren oder Himbeeren, auch anderes Obst, aber Beeren sind besonders zuckerarm
- 100 g fein geschnittenes Gemüse, zusammen mit den Haferflocken gekocht, z. B. Lauch, Brokkoli, Zucchini, Möhre, Pastinake, Champignons, Zwiebeln, Knoblauch, aber keine Hülsenfrüchte, grüne Erbsen und Mais
- Kräuter und Gewürze wie Petersilie, Thymian, Minze, Zimt, abgeriebene Zitronenschale
- etwas Süßstoff, wenn der Haferbrei sonst nicht schmeckt
- eine Prise Salz
- mindestens 2 Liter Wasser oder Kräutertee als Getränk
- Möglichst auf Koffein aus Kaffee und schwarzem wie grünem Tee verzichten, wer es nicht aushält, darf täglich 1 Tasse davon trinken.

Auch wenn Sie sich gesünder fühlen und Sie schon Abnehmerfolge verzeichnen, sollten Sie spätestens nach 4 Tagen die Entlastungstage beenden.

2. Schritt: gesunde Ernährungsumstellung

Die Haferflocken bleiben nun Ihre Verbündeten im Kampf gegen die Fettleber und das Bauchfett. Wechseln Sie bitte zu einer ausgewogenen und abwechslungsreichen Ernährung.

Grundprinzip der leberfreundlichen Ernährung

Eine leberfreundliche Ernährung stützt sich auf folgende Grundpfeiler:

- viel Beta-Glucan und somit täglich Haferflocken sowie Ballaststoffe
- moderarte Energiezufuhr
- weniger Kohlenhydrate, insbesondere deutlich weniger Zucker
- eiweißbetont und das gesunde Fett in richtigen Mengen
- Mikronährstoffe – damit der Leberstoffwechsel rund läuft
- sehr wenig bis gar kein Alkohol

Wenn Sie bis hierher gelesen haben, ist der erste Schritt gegen Ihre Fettleber zum Greifen nah. Schieben Sie jetzt nichts auf die lange Bank. Vielleicht haben Sie schon die Zutaten von einem Rezept zufällig zu Hause, dann kochen Sie es noch heute. Nutzen Sie unseren Wochenspeiseplan (Seite 64). Alle von mir entwickelten Rezepte enthalten das Superkorn Hafer, sind eiweißbetont, enthalten gesunde Fette und weniger davon und vor allem komplexe Kohlenhydrate.

Legen Sie ein Ziel fest: Wie viel Fett muss weg? Machen Sie sich einen persönlichen Essensplan und vergessen Sie nicht die Leberentlastungstage. Und hören Sie nicht bei einem ersten Rückschlag auf: Der Weg ist das Ziel! Haferflocken und eine eiweißfokussierte Kost gehören ab heute zu ihrem neuen Lebenskonzept!

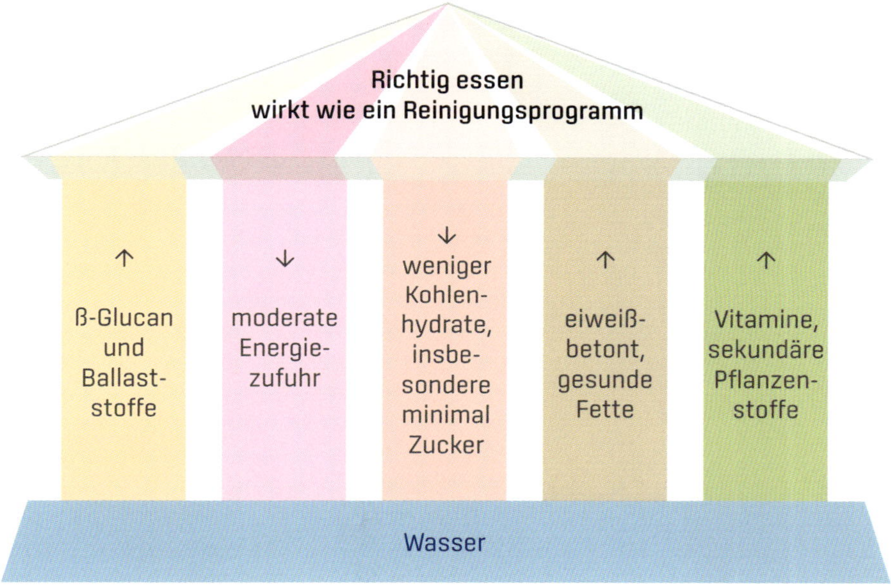

Richtige Ernährung bei einer Fettleber

Sie dürfen aufatmen – erfolgreiches Abnehmen und gleichzeitig das Risiko einer Fettleber zu minimieren, hat im Alltag nur wenig mit Kalorienzählen zu tun. Sie brauchen vor allem Motivation, um Ihre Ernährung leberfreundlich umzustellen. Da Sie die Fettleber nicht spüren und dementsprechend auch die Verbesserung nicht direkt spüren können, sollten Sie beim Abnehmen ein Ziel definieren und sich das Erreichen dieses Ziels immer motivierend vor Augen halten.

Wenn Sie sich immer vorstellen, auf was Sie gerade verzichten, wird Ihnen eine erfolgreiche Ernährungsumstellung nicht gelingen. Die meisten wissen genau, worauf sie verzichten sollten, aber können sich das neue Essverhalten nicht positiv vorstellen. Begeistern Sie sich für die Rezepte in diesem Buch. Mit ihnen können Sie abnehmen und die Fettleber heilen. Meinen Gästen haben die Gerichte immer gut geschmeckt.

Eine Ernährungsumstellung ist nicht einfach. Viele wissen das aus leidvoller Erfahrung. Methoden gibt es viele, darunter zahlreiche Diäten, von denen die meisten nicht langfristig funktionieren und zum Teil sogar die Gesundheit gefährden.
Das alles muss nicht sein, denn für die

ANTI-FETTLEBER-ERNÄHRUNGSKREIS

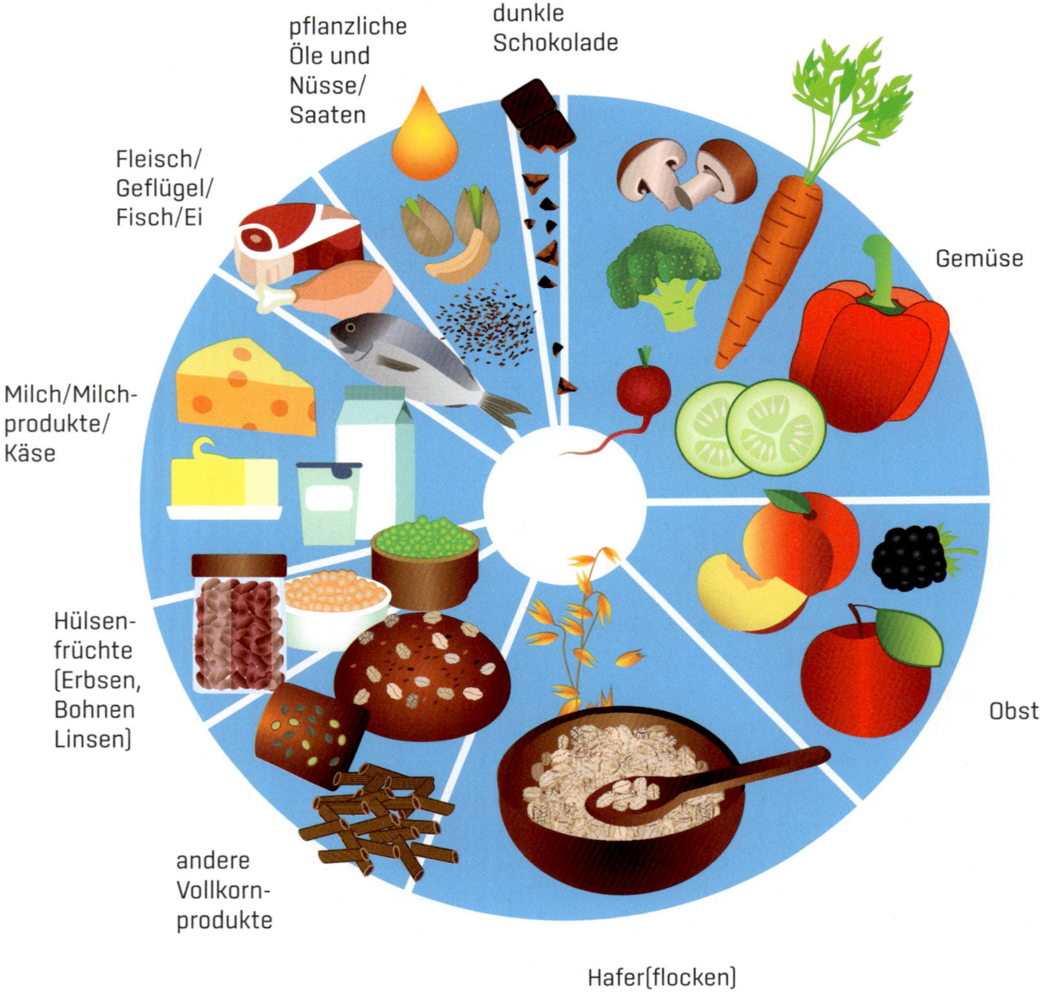

Fettleber abzunehmen und schlank zu bleiben, lässt sich mit Haferflocken und ein paar anderen grundlegenden Einstellungen zum gesunden Essen erreichen. Der Ernährungskreis veranschaulicht gut die Grundprinzipien, die sich auch in den Rezepten widerspiegeln.

Was macht die Haferflocken so besonders?

Hafer ist ein natürliches Superfood, bestens zur Behandlung der Fettleber und zum Abnehmen geeignet. In ihm steckt alles, was Sie zum Schlanksein und -werden brauchen: viele Ballaststoffe, die stoffwechselwirksamen Beta-Glucane, komplexe Kohlenhydrate, sehr hochwertiges Eiweiß, ein optimales Fettsäuremuster sowie Vitamine, Mineralstoffe Spurenelemente und sekundäre Pflanzenstoffe. Haferflocken sind ein natürliches und ballaststoffreiches Vollkornprodukt. Das Besondere an diesem heimischen Getreide ist der hohe Gehalt an Beta-Glucan. Auch Gerste ist reich an Beta-Glucan, wird allerdings überwiegend nur zur Bierherstellung eingesetzt, bei der dieser wertvolle Ballaststoff herausgefiltert wird. Bier hilft bekanntlich nicht beim Abnehmen, sondern ganz im Gegenteil: Es fördert die Fettleber und den Bierbauch.

Neben dem potenten Fatburner Beta-Glucan enthalten Haferflocken figurfreundliche Kohlenhydrate und haben einen sehr hohen Ballaststoffgehalt im Vergleich zu den beliebten Weizenprodukten. Gegenüber den anderen heimischen Getreidearten hat Hafer ein bemerkenswertes Plus an pflanzlichem Eiweiß. Ein unerwünschter Abbau von Muskelmasse tritt beim Abnehmen mit Haferflocken im Vergleich zu den vielen anderen Kuren und Diäten nicht auf. Außerdem sättigt Hafereiweiß sehr gut. Im Vergleich zu anderem Getreide ist Hafer ein bisschen fettiger, doch handelt es sich dabei um gesunde, mehrfach ungesättigte Fettsäuren, die dem Leberstoffwechsel sehr guttun und dem Abnehmen in keinem Fall im Wege stehen. Nicht zu vergessen: Hafer ist reich an Antioxidanzien, Mineralstoffen und Spurenelementen wie Magnesium, Kupfer, Eisen, Phosphor und Zink. Des Weiteren sind Haferflocken besonders reich an Biotin, Vitamin B_1 und Folsäure.

Beta-Glucan – das Wundermittel gegen die Fettleber

Beta-Glucan kommt als natürlicher Bestandteil in der Zellwand des Hafers vor. Es besteht aus mehreren verknüpften Glukosemolekülen, deren Verknüpfungen von den Enzymen im menschlichen Darmtrakt nicht gespalten werden können. Da Beta-Glucan für uns Menschen unverdaulich ist, zählt es zu den Ballaststoffen. Im Vergleich zu anderen Ballaststoffen besitzt Beta-Glucan eine ausgeprägte Viskosität in wässrigen Lösungen. Unter Viskosität versteht man das Maß an Zähigkeit oder die Zähflüssigkeit einer Lösung. Eine hohe Viskosität, wie Hafer beziehungsweise Haferflocken sie besitzen, macht den Nahrungsbrei dickflüssiger und damit weniger fließfähig. Dies macht Hafer zu einem Superfood im Bereich des Leberstoffwechsels und beim Abnehmen. Die hohe Viskosität bindet die Nährstoffe im Speisebrei, sodass die Glukose sowie die anderen Nährstoffe aus der Nahrung langsamer in die Blutbahn gelangen. Die Viskosität sorgt auch für eine Auskleidung der Schleimhäute und so ist Hafer ein Darmschmeichler. Er hilft bei Darmträgheit, senkt erhöhte Cholesterinwerte und lässt den Blutzuckerspiegel absinken.

Für die Genesung der Fettleber ist es besonders wichtig, dass der Glukosespiegel in unserem Blut möglichst auf einem konstanten gesunden Niveau gehalten wird. Im Dünndarm verlangsamt Beta-Glucan den Aufschluss der Stärke zu Glukose. Unser Körper kann Stärke nicht direkt verwerten. Schon im Mund wird eine kleine Menge von Stärke mithilfe der Alpha-Amylase aufgeschlossen, doch der größte Teil der Stärke wird im Darm mithilfe von weiteren Verdauungsenzymen zu Glukose abgebaut. Durch Beta-Glucan wird dieser Prozess im Dünndarm entschleunigt. Der Übertritt der Glukose aus dem Dünndarm ins Blut, also die Resorption, wird verlangsamt. Der Verzehr von Hafer beziehungsweise Haferflocken sorgt somit für einen langsameren Anstieg des Blutzuckerspiegels. Dadurch gewinnt die geschädigte Leber Zeit. Glukose bleibt kürzer in der Blutbahn und in der Leber. Sie gelangt schneller über das arterielle Blut zu den Organen, wie Gehirn, Herz und Muskulatur. Glukose kann dort seine Aufgabe als zuverlässiger Energieträger erfüllen und bleibt nicht mehr in Leber und Blutbahn hängen, was zu Leberverfettung und zu Übergewicht führen würde.

Unterstützt bei seinen Stoffwechselleistungen wird die Leber von den Hormonen Ghrelin, Insulin und GLP-1: Das Hormon Ghrelin wird in der Magenschleimhaut freigesetzt. Es gelangt über das Blut zum Gehirn, dort reguliert der Botenstoff das Hunger- und Sättigungsgefühl. Durch den Verzehr von Haferflocken verweilt der Nahrungsbrei länger im Magen. Das hat den Vorteil, dass ein lang anhaltend gefüllter Magen die Freisetzung des Hungerhormons Ghrelin blockiert. Über dieses Hormon hat der Haferflockenkonsum also einen indirekten Einfluss auf unser Hunger- und Sättigungszentrum. Durch die geringere Ausschüttung von Ghrelin durch Haferflocken sind wir länger satt. Die Leber wird so weniger stark mit den Hauptnährstoffen Eiweiß, Fett und Kohlenhydraten überflutet.

Da durch den Konsum von Haferflocken der Blutzuckerspiegel langsamer steigt, ist auch die Insulinausschüttung geringer. Insulin wird auch gerne als Masthormon bezeichnet. Setzt unser Körper – bedingt

HAFERFLOCKEN
(100 g)

durch eine hochkalorische Ernährung mit viel Zucker und Weißmehl – viel Insulin frei, kann er nicht auf Abnehmmodus und/oder Fettleberschutzprogramm schalten. Viel Insulin ist für den Körper ein Signal, die überschüssige Energie einzulagern. Dies tut der Körper bekanntlich in neuen Fettdepots, besonders im Bauchraum oder auch in der Leber.

Selbst im Dickdarm hilft Beta-Glucan uns beim Abnehmen. Die gesunden Bakterien unserer Darmflora verfügen über Abbauenzyme für Beta-Glucan und scheiden bei deren Verwertung kurzkettige Fettsäuren, wie Acetat, Propionat und Butyrat, aus. Diese Fettsäuren gelangen als Botenstoffe in den Blutkreislauf und steuern das Hormon GLP-1. Es unterstützt unsere Leber, indem es dafür sorgt, dass die Glukose im But besonders schnell in die Muskelzellen gelangt und so der Blutzuckerspiegel auf ein gesundes Level absinkt.

Kein Tag ohne Haferflocken

Haferflocken sollten täglich auf Ihrem Speiseplan stehen. Sie werden vielleicht überrascht sein, wie vielfältig sie in der Küche einzusetzen sind. Erweitert wird Ihr Speiseplan durch reichlich Gemüse und Obst in Maßen. Eiweißhaltige Produkte wie Joghurt, Quark und Käse sollten ebenfalls täglich gegessen werden. Abgerundet wird die Eiweißversorgung über einen moderaten Fleischkonsum, das verstärkte Essen von Hülsenfrüchten sowie durch den Verzehr von Eiweißpulver. Pflanzliche Öle und Nüsse sorgen dafür, dass der Leberstoffwechsel wie geschmiert läuft.

Ihr Ziel sollte es sein, nur dreimal am Tag zu essen. Zwischen den Mahlzeiten legen Sie eine Pause von jeweils etwa vier Stunden ein. Aufgrund der Supersättigung von Haferflocken ist dies leichter als Sie denken. Der hohe Ballaststoff- und Proteingehalt der Haferflocken sorgen für eine lang anhaltende Sättigung. Der Fettkiller Haferflocke beugt effektiv Heißhungerattacken vor und die Lust auf Süßes und Fast Food nimmt ab.

Haferflocken liefern zudem wichtige stoffwechselregulierende Mineralien und sind ein effektiver Beautybooster. Das enthaltene Vitamin E und die sekundären Pflanzenstoffe wirken antioxidativ und schützen Ihre Zellen von innen vor freien Radikalen. Mit Haferflocken sind eine Gesundung der Fettleber und die erfolgreiche Gewichtsabnahme garantiert.

Eiweiß lässt das Leberfett schmelzen

Eine kalorienreduzierte, eiweißreiche Ernährung mit täglich etwa 1500 kcal kann das schädliche Leberfett zum Schmelzen bringen. Viele wissenschaftliche Studien zeigen, dass eine deutlich kalorienreduzierte und stark eiweißbetonte Ernährung das Fett in der Leber sehr gut abbaut. Bei sehr stark übergewichtigen Menschen hat man den Erfolg schon nach drei Wochen kalorienarmer und eiweißreicher Kost beobachten können. Eine kalorienreduzierte Ernährung mit hohem Eiweißgehalt reduziert das Leberfett wirksamer als eine kalorienreduzierte eiweißarme Ernährung. Die Medizin geht davon aus, dass der positive Effekt der eiweißreichen Ernährung hauptsächlich darauf zurückzuführen ist, dass die Fettaufnahme, -speicherung und -synthese in der Leber unterdrückt wird.

Eiweiß hat eine Vielzahl von Funktionen im Körper und ist ein talentierter »Abnehmhelfer« und zugleich ein »Leberschutz«. Grundsätzlich dient Eiweiß dem Erhalt der Muskelmasse. Unser Körper kann außerdem aus dem aufgenommenen Eiweiß neue Eiweißverbindungen wie Hormone und Enzyme aufbauen. Diese regulieren zahlreiche Körperfunktionen oder sind Transportproteine, die Sauerstoff und Nährstoffe durch den Körper wie ein Taxi zu den verschiedenen Orten in unserem Organismus fahren. Diese Eiweißstoffe tragen auch zur Lebergesundheit bei, indem sie für die Leber unbrauchbare Stoffe zu anderen Orten im Körper bringen.

Ein großer Vorteil von Eiweiß ist, dass es insulinunabhängig verstoffwechselt wird. Der Verzehr von Eiweiß führt zu keinem Anstieg des Blutzuckerspiegels, Heiß- und Süßhungerattacken oder auch nur der gelegentliche Griff zum Süßen lassen sich durch eine eiweißbetonte Ernährung deutlich reduzieren. Um eiweißreich zu essen, müssen sie nicht unbedingt viel Fleisch essen. Auch Vegetarier können gut mit Eiweiß versorgt sein. Haferflocken haben einen hohen Gehalt an Eiweiß. Es sind beachtliche 12 Gramm Eiweiß pro 100 Gramm Flocken. Im Alltag sollte das Korn mit anderen Eiweißquellen kombiniert werden, damit Ihr Körper über eine ausreichende Auswahl an Eiweißbausteinen, den Aminosäuren, verfügt. Eier, Quark, Käse, Joghurt, Skyr, Buttermilch und Milch sind weitere gute Eiweißquellen. Auch wenn nicht bei allen sehr beliebt, sollten Sie über den Verzehr von Hülsenfrüchten nachdenken. Sie haben, ähnlich wie Haferflocken, sehr viel pflanzliches Eiweiß und sind reich an Ballaststoffen. Ein sehr guter Mix, um die Leber zu schonen und Gewicht zu verlieren.

Wissenswertes zum Eiweißbedarf

Wir brauchen am Tag etwa 0,8 Gramm Eiweiß pro Kilogramm Körpergewicht. Wir Deutschen konsumieren aber im Schnitt ohnehin 1,1 Gramm Eiweiß pro Kilo Körpergewicht am Tag, also eigentlich genug.

Um im Rahmen der Fettleber-Therapie zusätzlich eiweißhaltige Nahrung zu sich zu nehmen, können Sie auf zahlreiche Lebensmittel zurückgreifen:

- Haferflocken (12 g Eiweiß/100 g)
- Tofu (Soja) (15 g Eiweiß/100 g)

- gegarte Hülsenfrüchte (Linsen, Erbsen, Kichererbsen, Bohnen) (6–10 g Eiweiß/100 g)
- Vollkornprodukte (gekochte Vollkornnudeln 6 g Eiweiß/100 g), gekochter Vollkornreis (7 g Eiweiß/100 g), Vollkornbrot (8 g Eiweiß/100 g)
- Nüsse (16–20 g Eiweiß/100 g), Erdnüsse (30 g Eiweiß/100 g)
- Fisch (16–20 g Eiweiß/100 g) und Meeresfrüchte (17 g Eiweiß/100 g)
- Fleisch (21 g Eiweiß/100 g) und Geflügel (23 g Eiweiß/100 g)
- Milchprodukte (4 g Eiweiß/100 g) und Käse (z. B. Magerquark (13 g Eiweiß/100 g), Parmesan (30 g Eiweiß/100 g)

Um von der vollen Power der Eiweiße zu profitieren, kombinieren Sie tierisches und pflanzliches Eiweiß. Essen Sie die Haferflocken zusammen mit Milchprodukten, Fleisch und Fisch oder auch Hülsenfrüchten. Ihre Eiweißversorgung wird mit meinen Rezepten in diesem Buch zu Ihrer vollsten Zufriedenheit gewährleistet sein.

Bohnen & Co. machen die Leber schlank

Erbsen, Bohnen und Linsen gehören zur Pflanzenfamilie der Hülsenfrüchte. Sie liefern biologisch hochwertiges Eiweiß. Die Kombination Hülsenfrüchte mit Haferflocken ist ein Turbo-Abnehm-Leberschutz-Traumpaar. Essen Sie daher ein- bis zweimal pro Woche einen Eintopf, Bratlinge oder Dip aus Hülsenfrüchten. Damit beschleunigen Sie Ihre Lebergesundung. Machen Sie es sich einfach und kaufen Sie vorgegarte Hülsenfrüchte aus der Dose oder neuerdings auch aus dem Glas. Probieren Sie zum Beispiel Kidneybohnenbratlinge (Seite 98), Rote-Linsen-Bratlinge (Seite 89) oder Putenschnitzel mit Haferflocken-Panade (Seite 113).

Für wen lohnt sich Eiweißpulver?

Eine sehr einfache und beliebte Möglichkeit, um Eiweiß in Ihre Ernährung zu integrieren, sind Eiweißshakes als Proteinquelle. Sie fragen sich vielleicht, ob der Einsatz von Eiweißpulver für Sie die richtige Wahl ist. Die Vorteile von Proteinshakes sind die schnelle und unkomplizierte Zubereitung, die vielen Geschmacksrichtungen und die Sicherheit, dass man spielend leicht seinen täglichen Eiweißbedarf deckt. Über Letzteres müssen Sie sich aber eigentlich gar keine Gedanken machen. Nahezu jeder isst ausreichend Eiweiß.

Einige Nachteile nehmen Sie aber mit dem Konsum von Proteinpulver in Kauf. Sie enthalten in der Regel Süßstoffe, Geschmackstoffe und andere künstliche Zusatzstoffe, da selten neutrales und reines Eiweißpulver verwendet wird. Die Preise variieren, doch preiswert sind Proteinshakes in der Regel nicht.

Eiweißpulver erfreut sich vor allem bei Personen, die abnehmen möchten, großer Beliebtheit. Wenn auch Sie das Ziel haben, Muskulatur aufzubauen oder Gewicht zu reduzieren, kann der Einsatz von Eiweißpulver unter Umständen Ihr Vorhaben positiv unterstützen. Besonders bei stark übergewichtigen Personen oder Menschen mit einer Fettleber kann es sinnvoll sein, Mahlzeiten teilweise für einen Zeitraum von einigen Wochen durch Eiweißshakes zu ersetzen.

Achten Sie auf die Qualität des Pulvers. Es sollte möglichst zu 75 Prozent oder mehr aus Eiweiß bestehen und keine Kohlenhydrate wie Zucker in großen Mengen enthalten. Einen Eiweißdrink trinkt man nicht zusätzlich, also »on top«, sondern anstelle einer Mahlzeit. Eiweißdrinks als Zwischenmahlzeiten, auch direkt nach dem Sport, sind dagegen eine weitere Mahlzeit und unterstützen das Abnehmen nicht.

Eiweiß hat genauso viel Kalorien wie Kohlenhydrate und Zucker. Natürlich macht Eiweiß besser satt, aber kalorienarm oder -frei sind die Shakes nicht. Mit einem Kaloriengehalt von 300 kcal pro Shake sind sie kein Snack für zwischendurch und können nicht ohne Limit getrunken werden. Im Austausch gegen eine Hauptmahlzeit können Sie aber eine gute Abnehmhilfe sein.

Kann zu viel Eiweiß schädlich sein?

Fast jede Nährstoffüberdosierung hat Nebenwirkungen, daher sollten Eiweißpulver nur eingesetzt werden, wenn wirklich wenig eiweißhaltige Lebensmittel gegessen werden. Denn bei einem zu hohen Eiweißkonsum kann es zu einer Übersäuerung des Körpers kommen.
Ein aus dem Gleichgewicht geratener Säure-Basen-Haushalt führt zu Müdigkeit und Erschöpfung. Außerdem zeigen alle Studienergebnisse zu Eiweißpulver eindeutig, dass nur dann ein Vorteil bzw. Effekt auf das Körpergewicht vorhanden ist, wenn gleichzeitig die tägliche Kalorienmenge auf 1500 kcal am Tag runtergeregelt wird. Mit jedem Gramm Eiweißpulver, was Sie in die Rezepte geben, nehmen Sie 4,2 kcal zu sich.

Überschüssiges Eiweiß nutzen die Körperzellen zur Energiegewinnung: Dabei entstehen Abfallstoffe, die die Nieren belasten. Gefährlich wird es aber meist nur bei eingeschränkter Nierenfunktion. Außerdem ist es sinnvoller, Proteine aus natürlichen Nahrungsmitteln zu essen, auf diese Weise läuft man weniger Gefahr, zu eiweißreich zu essen oder sich zu einseitig zu ernähren.

Welche Fette sind gesund für die Leber?

Falls Sie beim Fett »auf zum Teufel komm raus« sparen, sollten Sie diese Strategie überdenken. Fette sind sehr lange Moleküle, sie liegen eng aneinander und müssen erst mühsam in Magen und Darm aufgespalten werden. Das braucht

Zeit und so liegen sie im wahrsten Sinne des Wortes länger im Magen und machen uns nachhaltiger satt. Außerdem werden während der Verdauung der Fette Hormone in der Darmschleimhaut gebildet, die dem Hunger-Sättigungs-Zentrum im Gehirn das Signal »gesättigt« übermitteln.

Gesunde Fette aus pflanzlichen Ölen haben zwar viele Kalorien, aber sie halten den Blutzuckerspiegel stabil, machen Sie schlank und lassen den Leberstoffwechsel wie geschmiert laufen. Ein Ungleichgewicht zwischen den verschiedenen Fettsäuren in der Ernährung kann einen Anstieg entzündungsauslösender Stoffe im Körper bewirken, die auch zu einer Entwicklung einer Fettleber beitragen. Das Fehlen bzw. das Ungleichgewicht der mehrfach ungesättigten Fettsäuren führt zu einem verlangsamten Leberstoffwechsel.

Heutzutage schätzt man, dass unsere Nahrung im Durchschnitt 10- bis 20-mal mehr Omega-6- als Omega-3-Fettsäuren hat. Dabei sollte das korrekte Verhältnis Omega-6 zu Omega-3 eigentlich bei 5 : 1

Omega-6- und Omega-3-Fettsäuren in Speiseölen

Speiseöle	Omega-6-Fettsäure	Omega-3-Fettsäure
Arganöl	33	‹1
Distelöl	77	1
Hanföl	56	26
Kokosöl	2	0
Leinöl	14	53
Olivenöl	10	1
Palmöl	9	‹ 1
Rapsöl	19	9
Sesamöl	41	‹ 1
Sojaöl	51	7
Sonnenblumenöl	66	0
Walnussöl	12	60

Zahlen gerundet, basierend auf Daten von FoodDataCentral , U.S. Department of Agriculture

Extra natives Olivenöl schützt die Leber

Traditionell wird in der mediterranen Küche nahezu ausschließlich extra natives Olivenöl verwendet. Dabei wird nicht gespart, der Pro-Kopf-Verbrauch an extra nativem Olivenöl liegt in den Mittelmeerländern bei über 10 Litern im Jahr. In Deutschland verbrauchen wir pro Person und Jahr weniger als 1 Liter. Viele wissenschaftliche Beobachtungsstudien kommen immer wieder zu dem verblüffenden Ergebnis, dass der tägliche Konsum von Olivenöl gegenüber einer fettreduzierten Ernährung nicht nur gesundheitlich, sondern auch bezogen auf das Gewichtsmanagement besser abschneidet. Weiterhin gibt es Studien, die gezeigt haben, dass extra natives Olivenöl auch gegen oxidative Schäden in der Leber schützt. Welche Inhaltsstoffe machen Olivenöl so wertvoll? Zu über 70 Prozent besteht Olivenöl aus einer einfach ungesättigten Fettsäure, der Ölsäure, einer Omega-9-Fettsäure. Ferner ist das Öl reich an verschiedenen natürlichen Antioxidanzien, vor allem an Vitamin E, sowie einer Vielzahl von sekundären Pflanzenstoffen. Olivenöl gilt nach neuster Studienlage als »Bauchfettburner« und »Fettleberschutz«. Ölwechsel ist angesagt: Olivenöl, Rapsöl und Leinöl belegen die ersten drei Plätze unter den schlank machenden Ölen.

liegen. Damit Omega-3-Fettsäuren im Körper optimal wirken können, sollten weniger Omega-6-Fettsäuren gegessen werden, die zum Beispiel vor allem im Sonnenblumen- oder Distelöl stecken. Viele fetthaltige Lebensmittel werden in der Lebensmittelindustrie mit Sonnenblumenöl zubereitet, seien es Kekse, Kuchen, Salziges, Mayonnaise, Fleisch und Fisch in vorgefertigte Panaden. Bitte schauen Sie sich die Zutatenliste der Produkte an und Sie werden feststellen, dass Sonnenblumenöl sehr häufig verwendet wird. Es ist ein preiswertes Öl und daher in industriellen Produkten sehr häufig enthalten.

Omega-3-Fettsäuren sind vor allem in fettem Fisch wie Lachs, Hering und Makrele, aber auch in Leinsamen und Walnüssen sowie deren Ölen und Hanf- und Rapsöl reichlich vorhanden. Stimmt die Omega-6-Omega-3-Balance, so nehmen die Entzündungen in unserem Körper ab, die Leber arbeitet mühelos im Turbogang.

Täglich kunterbunt – Obst und Gemüse !

Wer viel Gemüse und täglich zwei Portionen Obst isst, kommt an viele gesunde

Vitalstoffe und an wenig Kalorien, ohne dabei wirklich zu hungern. Neben Hafer dürfen Sie täglich fünf Portionen Gemüse und Obst genießen. Als Richtwert gelten 400 g Gemüse und 250 g Obst pro Tag. Viele Studien belegen, dass neben dem Konsum von Hafer auch der Konsum von viel Gemüse und moderaten Mengen an Obst die Fettleber schmelzen und Kilos purzeln lassen. Und so ganz nebenbei tun Sie auch etwas für Ihre Gesundheit: Das Risiko, an Krebs und Herz-Kreislauf-Erkrankungen zu erkranken, wird durch einen hohen Konsum von pflanzlicher Kost deutlich gesenkt. Je nach Farbe des Gemüses oder der Früchte unterscheidet sich die Wirkung auf unseren Körper:

- Rotes Obst und Gemüse, wie Tomaten, Paprika oder Himbeeren, liefern Vitamin C, das die Fettverbrennung ankurbelt. Sie enthalten Antioxidanzien, die die Leber im Turbogang laufen lassen und uns unter anderem vor Hautalterung schützen.
- Grünes Obst und Gemüse, wie Spinat, Avocado oder Kiwi, punktet mit dem Farbstoff Chlorophyll, der das Blut säubert und das Eisen richtig in unseren Blutkörperchen platziert. So sind wir fit und körperlich leistungsfähiger, z. B. beim Sport. Grünes Blattgemüse regt die Gallensaftproduktion an und filtert Schwermetalle, Herbizide und Pestizide heraus. Außerdem ist grüne Pflanzenkost reich an Vitamin K, Kalium, Eisen und Kalzium.
- Blaues Obst und Gemüse, wie Blaubeeren, Pflaumen oder Rotkohl (Blaukraut), besitzt den höchsten Gehalt an Antioxidanzien, die unsere Zellen jung halten und das Krebsrisiko senken. Die blaue Farbe enthalten sie durch Polyphenole, die den Leberstoffwechsel unterstützen und die Leber vor Zellgiften schützen.
- Gelb-/orangefarbenes Obst und Gemüse, wie Kürbis, Kartoffeln, Möhren oder Mango, sind ideale Vitamin-C-Quellen und verbessern den Leberstoffwechsel sowie die Fettverbrennung im ganzen Körper. Und sie versorgen uns mit Carotinoiden, die die Verdauung fördern.

Obst und Gemüse wollen gut behandelt werden

Folgende Punkte sind entscheidend:

- Beim Kochen und Braten von Gemüse sollten Sie sparsam mit Fett und Salz umgehen.
- Für das Obst heißt es, wenn möglich, immer mit Schale verzehren, denn dort verstecken sich die meisten Nährstoffe sowie die sättigenden Ballaststoffe.
- Apfel, Birne, Pfirsich und jegliche Art von Beeren müssen nur gewaschen werden, bevor sie verzehrt werden.
- Bei anderem Obst, wie Zitrusfrüchten und Bananen, ist die Schale nicht zum Verzehr geeignet.

Purer Genuss ist am gesündesten

Obst sollten Sie in seiner natürlichen Form roh verzehren. Verzichten Sie auf Dosenobst. Bei der Verarbeitung von Äpfeln und Beeren zu Kuchen und Kompott wird meist viel Zucker hinzugefügt,

Ballaststoffgehalt von Obst- und Gemüsesorten

Sorte	Ballaststoffgehalt
Früchte	1,4 g (Ananas) bis 4,7 g (Himbeeren)
Gemüse	1,2 g (Rettich) bis 4,8 g (Grünkohl)
Hülsenfrüchte (gekocht)	2,8 g (Linsen) bis 6,0 g (Kidneybohnen)
Kokosöl	5,2 g (Rosinen) bis 9,6 g (Feigen)
Nüsse, Samen, Kleie	6,3 g (Sonnenblumenkerne) bis 45,3 g (Weizenkleie)

wodurch die Kalorien pro Portion in die Höhe klettern. Wenn Sie es selbst kochen und backen, reduzieren Sie die Zuckermenge bewusst.

Wenig Fruktose heißt nicht kein Obst!

Ausgerechnet Obst gilt seit ein paar Jahren nicht mehr als gesund. Oft hören wir in den Medien Aussagen von Ernährungsexperten, dass Obst aufgrund des hohen Fruchtzuckergehalts ungesund ist. Dabei ist vielen nicht bekannt, dass der Zucker im Obst ein Dreiklang aus Fruktose, Glukose (Traubenzucker) und Saccharose (Haushaltszucker) ist.

Richtig ist, dass eine sehr hohe Aufnahme von Fruktose die Leberverfettung begünstigt. Ein Apfel enthält ca. 6,1 g Fruktose auf 100 g, und die gleiche Menge Banane 3,4 g. Ananas (100 g) beinhaltet weniger mit 2,4 g und 100 g Erdbeeren sogar nur 2,3 g. Ist das nun viel? Solange die Obstmenge unter 2 bis 3 Stück (etwa 250 g) am Tag bleibt, ist

Fruktosearmes und fruktoserreiches Obst (Beispiele)

fruktosearmes Obst (< 5 g/100 g)	fruktosereiches Obst (>5 g/100 g)
Ananas, Aprikose, Avocado, Banane, Brombeere, Erdbeere, Grapefruit, Heidelbeere, Himbeere, Holunderbeere, Johannisbeere, Kiwi, Mandarine, Orange, Papaya, Pfirsich, Wassermelone, Zitrone, Zuckermelone	Apfel, Birne, Süßkirschen, Weintrauben

Daten basieren auf Souci-Fachmann-Kraut (SFK)

diese Fruktosemenge für unseren Körper und für unsere Leber kein Problem.

Wenn Sie aber Säfte als Durstlöscher nutzen und regelmäßig Smoothies trinken, kommen Sie schnell auf große Fruktosemengen. Wenn Sie schon mal selbst ein Smoothie zubereitet haben, dann wissen Sie, dass Sie spielend mehr als drei Stück Obst benötigen, um sich eine Smoothie-Mahlzeit zu machen. Das sollten Sie sein lassen. Doch ein Frühstück aus Haferflocken, Milchprodukt und einem Stück Obst enthält genau die richtige Menge an Fruktose.

Neben Fruchtsaft, Smoothies und Marmelade finden wir viel Fruchtzucker in Limonade, Schokolade, Gummibärchen, Keksen und vielen anderen Lebensmitteln. Sie enthalten zum einen industriell zugeführte Fruktose, oft als Sirup, und zum anderen Haushaltszucker. Letzterer besteht je zur Hälfte aus Glukose und Fruktose. Mit dem Trinken von einem Glas Limonade wird dem Körper etwa 15 g Fruktose zugeführt und mit einer ganzen Tafel Vollmilchschokolade sind es etwa 25 g Fruktose. Diese beiden Beispiele zeigen Ihnen eindeutig, dass der Fruktosegehalt in Obst deutlich niedriger ist als der von Süßigkeiten und Softgetränken.

Mehr Vollkornprodukte

Das Wort »Vollkorn« bezieht sich immer auf Getreideprodukte wie auf Weizen-, Dinkel-, Hafer-, Reis- oder Hirseerzeugnisse. Diese Getreidekörner bestehen aus Schale und Keimling sowie dem Mehlkörper, der den Keimling umhüllt. Bei der herkömmlichen Getreideverarbeitung werden Schale und Keimling, zusammen als Kleie bezeichnet, entfernt. In diesen befinden sich die die wichtigsten Inhaltsstoffe wie Ballaststoffe, B-Vitamine, Mineralstoffe wie Eisen, Zink, Magnesium und sekundäre Pflanzenstoffe. So gehen nahezu alle Ballaststoffe und Vitamine verloren. Übrig bleibt die reine Stärke des Mehlkörpers, ein Mehrfachzucker.

Ballaststoffe sind unverdauliche Nahrungsbestandteile mit einem sehr hohen Quellvermögen. Sie binden Wasser an sich und vergrößern so das Volumen des Nahrungsbreies. Außerdem wirken sie sich positiv auf den Blutzuckerspiegel aus, da sie die Aufnahme von Zucker aus dem Darm in die Blutbahn verlangsamen. Diese beiden Effekte haben zur Folge, dass wir uns schneller und länger satt fühlen. Auch die Leber wird bei einem verlangsamten Eintreffen von Zucker über das venöse Blut geschont. Sie muss so nicht immer im höchsten Gang arbeiten. Das Essen von ballaststoffreichen Getreideprodukten wirkt so auf vielfältige Weise dem lästigen Heißhunger entgegen, der uns sonst zu einer übermäßigen Kalorienzufuhr verleitet. Das ganze Korn mit den darin enthaltenen Ballaststoffen, Mineralstoffen, Vitaminen und sekundären Pflanzenstoffen können Sie daher als »Leberschutz« und »Abnehmwunder« betrachten.

Lebensmittel und ihr Einfluss auf den Blutzucker- bzw. Insulinspiegel

Wirkung	Lebensmittel
niedriger und langsamer Anstieg des Blutzucker-/ Insulinspiegels	Haferflocken, Getreideflocken, Vollkornbrot, Vollkornbrötchen, Vollkornnudeln, Naturreis, Hülsenfrüchte, Buttermilch, Naturjoghurt Gemüse, wie grüne Bohnen, Zucchini, Tomaten, Paprika, Blattsalate
mittlerer Anstieg des Blutzucker-/ Insulinspiegels	Roggenbrot, Körnerbrötchen, Pumpernickel, Müsli mit hohem Anteil an Trockenfrüchten Pellkartoffeln, Parboiled Reis, Nudeln Mais, Erbsen, Tomatensaft, Äpfel, Birnen, Orangen, Apfelsinen, Erdbeeren
hoher und zu schneller Anstieg des Blutzucker-/ Insulinspiegels	Fruchtjoghurt, Fruchtsaft Kartoffelbrei, Weißbrot, Zwieback, Laugenbrezeln, Minutenreis, Kekse, Cornflakes reife Bananen, Trauben, Rosinen Honig, Marmelade Gummibärchen, Haushaltszucker, Traubenzucker

Eine einseitige, stark weißmehlhaltige Ernährung erhöht das Risiko für eine Fettleber und für Übergewicht. Nicht nur die Ballaststoffe von Hafer, sondern auch von den anderen Getreidearten können unseren Leberstoffwechsel stärken und beim Abnehmen helfen.

Vollkorn – wie steige ich um?

Vollkornbrotesser sind in der Minderheit: Zirka 85 Prozent aller gekauften Brote bestehen aus Weißmehl. Leider ist nicht alles, was nach Vollkorn aussieht, auch Vollkorn. Oft enthält das vermeintliche Vollkornbrot einen hohen Weißmehlanteil und ist durch Zuckerrübensirup, Gerstenmalzextrakt oder sonstige Farbstoffe eingefärbt.

Fragen Sie beim Kauf von Brot beim Bäcker gezielt nach und lesen Sie bei abgepacktem Brot die Inhaltsstoffe auf der Packung nach. Hier sollte an erster Stelle Vollkornmehl stehen. Der Begriff »Vollkorn« ist gesetzlich geschützt. Steht »Vollkorn« auf einem Brot oder hat im Namen das Wort »Vollkorn«, dann müssen 90 Prozent des eingesetzten Mehls Vollkornmehl sein.

Ihr erster Schritt zu einer gesünderen Ernährung muss nicht unbedingt der ausschließliche Verzehr von Vollkornpro-

Ballaststoffgehalt von Getreide Mehl und Brot (Auswahl)

Lebensmittel	Ballaststoffe g/100 g
Getreide	
Naturreis (Vollkornreis)	4,0
Mais, Korn	7,7
Hafer	9,3 – 11,0*
Weizen	9,6
Getreideerzeugnisse	
großblättrig Haferflocken	9,5 – 11,0*
kleinblättrige Haferflocken	9,5 – 11,0*
Weizenmehl Type 405	3,2
Weizenmehl Type 550	3,5
Weizenmehl Type 1050	5,2
Weizenbackschrot Type 1700	9,2
Brot und Kleingebäck	
Weizen-(mehl-)brot	3,2
Weizenbrötchen	3,4
Weizenmischbrot	4,8
Weizenvollkornbrot	6,9
Weizenvollkornbrötchen	7,7
Mehrkornbrot	8,0
Weizenknäckebrot	12,9

*Angaben von Herstellern, ansonsten basieren die Daten auf dem Bundeslebensmittelschlüssel (BLS)

dukten sein. Schon eine Mischung aus Weißmehl- und Vollkornprodukten ist der Weg zum Ziel. So essen Sie vielleicht ein Roggenvollkornbrot, aber weiterhin Weißmehlnudeln. Das wäre schon eine sehr gute Steigerung des Ballaststoffgehaltes. Und so gewöhnen Sie sich an den Verzehr von Vollkornprodukten.

Müslimischungen werben häufig mit dem Begriff »Vollkorn«, enthalten nebenbei aber sehr oft auch sehr viel Zucker. Mischen Sie Ihr Müsli grundsätzlich selbst und immer mit Haferflocken, denn sie sind das Königsgetreide unter den Getreidesorten. Ein Tipp: Wenn es Ihnen schwer fällt, sich von Ihrer Lieblings-Müsli-Mischung zu trennen, dann geben Sie extra Haferflocken zum Müsli.

Kleine Brotkunde

Mehr als 300 Brotsorten gibt es in Deutschland. Unter dem Begriff »Sorte« versteht man alle nach Mehlart, -type und -mischung, Verarbeitung und Rezeptur gleichen Brote. Mehle oder Schrote der verschiedenen Getreidearten werden für die Teigbereitung in unterschiedlichen Mengen verwendet.

Weizenbrote bestehen aus mindestens 90 % Weizenmehl – teilweise auch unter Zugabe geringer Mengen Milch, Fett oder Zucker. Die Teiglockerung erfolgt meist ausschließlich mit Hefe.

Roggenbrote werden aus mindestens 90 % Roggenmahlerzeugnissen unterschiedlichen Ausmahlungsgrades und üblicherweise mit Sauerteig hergestellt.

Vollkornbrote haben einen Mindestanteil von 90 % Roggen- und/oder Weizenvollkornerzeugnissen, wobei sowohl grober Schrot als auch fein zerkleinertes Vollkornmehl verwendet werden kann. Sie schmecken würzignussartig, manche auch kräftigsäuerlich. Die meisten Vollkornbrote werden zum überwiegenden Teil aus Roggenschrot hergestellt, wie das in Norddeutschland typische Roggenvollkornbrot, das dort auch als »Schwarzbrot« bezeichnet wird.

Übrigens: Am beliebtesten sind in Deutschland **Mischbrote.** Sie werden aus Roggen- und Weizenmehl in unterschiedlichen Mischungsverhältnissen mit Sauerteig und/oder Hefe gebacken.

Zu den **Spezialbroten** zählt das **Haferbrot.** Es besteht zu 90 % aus Hafer bzw. Hafererzeugnissen. Es hat bisher nur einen kleinen Marktanteil und ist daher nicht in jeder Bäckerei zu finden.

Alles wissen über Hafer

Im Mittelalter waren Haferbrei und -fladen ein weit verbreitetes Lebensmittel. Dann kam der Siegeszug des Weizens. Heute hat der Hafer in diversen Formen wieder seinen festen Platz in der Küche.

Haferflocken

In der industriellen Produktion werden zunächst die Schalen um die Haferkörner entfernt. Nach diesem Entspelzen werden die Körner erhitzt, damit die Enzyme deaktiviert werden. Das macht Haferflocken länger haltbar, denn ansonsten würden sie sehr schnell ranzig werden. Danach werden die Körner zwischen zwei Stahlwalzen platt gedrückt. Dabei entstehen Haferflocken. Sie müssen nur noch getrocknet und abgepackt werden.

Selbst gemacht

Sie können Haferflocken auch selbst machen, indem Sie die Haferkörner in eine Haferquetsche oder einen Haferflocker geben. Es handelt sich um ein kleines Gerät, bei dem die Walzen sich in die gleiche Richtung drehen und das Korn platt drücken. Kleinblättrige Haferflocken lassen sich herstellen, indem der Hafer zuvor in einem Multifunktionsküchengerät angestoßen wird und dabei bricht.

Großblatt und Kleinblatt

Bei den großblättrigen Haferflocken wird das Haferkorn im Ganzen gequetscht bzw. geflockt. Bei den kleinblättrigen Haferflocken werden die Körner zuvor in Scheiben geschnitten und anschließend gewalzt. Nährwert und Energiewert dieser beiden Flocken sind identisch. Da die kleinblättrigen Haferflocken dünner sind und damit mehr Oberfläche haben, saugen sie Flüssigkeiten besser auf und die Gerichte daraus werden sämiger. Haferflocken sind ein Naturprodukt. Der Ballaststoffgehalt schwankt. Auf den Verpackungen von Haferflocken finden Sie die Nährwertangaben. Der Ballaststoffwert wird dort ausgewiesen. Sie können zwischen den einzeln Marken den Ballaststoffgehalt vergleichen. Er schwankt um bis zu 4 g pro 100 g Haferflocken.

Lösliche Haferflocken

Diese zartschmelzenden Haferflocken sind hauchfeine, sofort lösliche Vollkornflocken aus gemahlenem Hafer. Sie enthalten die Bestandteile des ganzen Getreidekorns und sind gut geeignet für Babybreie, Smoothies und andere Getränke, in denen sich die Flocken auflösen sollen. Beim Kochen und Backen würde ich aber den weniger stark verarbeiteten Haferflocken den Vorrang geben.

Ist die Phytinsäure ein Problem?

Haferflocken enthalten Phytinsäure. Diese bindet teilweise die in Haferflocken enthaltenen Mineralstoffe und Spurenelemente wie Kalzium, Magnesium, Eisen und Zink. Das hat den Nachteil, dass der Körper diese Stoffe schlechter aufnehmen kann. Wenn Sie die Haferflocken vor dem Verzehr für mindestens 30 Minuten einweichen, nimmt die Aktivität der Phytinsäure ab. Auch das gleichzeitige Essen von Vitamin-C-haltigen Produkten führt zu einer geringeren Bindung von Phytinsäure mit Mineralstoffen und Spurenelementen. Phytinsäure ist in der Regel kein Ernährungsproblem für uns. Neben allen Vollkornprodukten enthalten auch Nüsse und Hülsenfrüchte Phytinsäure.

Was tun bei Süß- und Heißhunger?

Wenn Sie Lust auf Süßes verspüren, ist es eine gute Strategie, die Süßhungerphase in mehrere Phasen aufzuteilen.

Phase 1: Abwehrhaltung und Ablenkung

- Trinken Sie ein Glas Wasser und warten Sie etwa 10 Minuten, ob der Süßhunger weg ist.
- Kochen Sie sich einen besonderen Tee, z. B. Schokoladentee, Ingwertee oder einen Lieblingstee. Genießen Sie diesen möglichst zuckerfrei und in langsamen Schlucken. Und gehen Sie der Wärme des Tees in Ihrem Körper nach.
- Legen Sie sich ein Stück frischen Ingwer unter die Zunge oder hacken Sie sich wenig Ingwer und verrühren Sie ihn mit einem Esslöffel Honig.
- Putzen Sie sich die Zähne!
- Beschäftigen Sie sich, lenken Sie sich vom Süßhunger ab. Und finden Sie etwas, was zu Ihnen passt und den Süßhunger reduziert.

Phase 2: kontrolliertes Nachgeben der Süßhungerphase

Wenn die Abwehrphase nicht perfekt funktioniert, versuchen Sie bewusst, ohne schlechtes Gewissen und mit Genuss etwas Süßes zu essen. Dabei genießen Sie eine kleine Portion, wie zum Beispiel ein halbes Stückchen süßen Kuchen im Sitzen, und langsam, in dem Sie die Gabel immer wieder ablegen, also mit Genuss.

- Essen Sie ein Stück Obst, auch wenn Sie schon zwei Stück gegessen haben. Sie können das Obst essen, worauf Sie Lust haben bzw. was gerade vorrätig ist. Natürlich ist es in Bezug auf den Kalorien- und Zuckergehalt besser, zuckerarmes Obst zu essen. Doch wird der Verzehr von einer Banane sicherlich nicht das Erreichen Ihres Abnehmziels verhindern. Wichtig ist: Schneiden Sie das Obst in Stücke, dann essen Sie langsam und genießen bewusster.
- Sie haben immer noch Lust auf Süßes oder keine Lust auf Obst? Dann greifen Sie zu den Kugeln oder Riegeln mit Hafer, aber essen Sie davon bitte nur 20–30 Gramm. In diesem Buch finden Sie leckere Rezepte, zum Beispiel Powerkugeln mit Zimt (Seite 138) und Haferflocken-Erdnuss-Riegel (Seite 138). Auch hier gilt: Zelebrieren Sie die süße Pause: abschalten, hinsetzen und genießen.

Ich bin sicher, so verschwindet der Heißhunger auf Süßes. Nicht sofort, aber mit Geduld und Zeit reduziert sich die Lust auf Süßes. Bitte, kein schlechtes Gewissen haben, auch Schlanke essen süß. Es ist vermutlich eher eine Frage der Menge. Ein hoher Anteil an Haferflocken sowie eine eiweißbetonte Ernährung reduziert langfristig den Süßhunger.

Ein Cheatday – ist er sinnvoll?

Sie naschen für Ihr Leben gern? Sie möchten aber auch erfolgreich abnehmen? Vielen hilft es zu wissen, dass es einen Tag in der Woche den sogenannten Cheatday gibt, an dem man nicht so genau aufpassen muss, was man isst. Schokolade, Kuchen oder Chips dürfen dann zwar nicht in riesigen Mengen gegessen werden, aber doch mehr als man sich sonst erlauben darf.

Ein Cheatday kann sinnvoll sein, wenn er Ihnen das Durchhalten der Kalorienreduktion an den anderen Tagen erleichtert. Allerdings sollten Sie im Durchschnitt der Woche inklusive Cheatday immer noch in einer negativen Energiebilanz zu sein, denn eine hohe Energiezufuhr schadet der Leber. Das Ziel, die Fettleber loszuwerden, geht immer mit dem Ziel einher, überflüssige Pfunde zu verlieren. Die Verfettung der Leber können Sie selbst nicht überprüfen. Das Purzeln der Pfunde schon. Und das gelingt nur, wenn Sie weniger essen als Ihr Körper verbraucht.

An diesem Cheatday geben Sie anders als an den anderen Tagen dem Bedürfnis nach etwas Süßem gezielt nach. Beachten Sie dabei Folgendes:

- Essen Sie eine kleine Menge von dem, was Sie richtig gerne essen möchten.
- Seien Sie dabei achtsam, wenn der Appetit auf Süßigkeiten in eine ungebremste Süßhungerphase mündet. Dann haben Sie es diesmal nicht geschafft, Chef über ihr Süßigkeitsverlangen zu sein. Auch das ist nicht wirklich schlimm, beim nächsten Mal klappt es bestimmt.

Kontrolliert naschen statt strenger Verbote – das hat sich als hilfreich beim Abnehmen und damit ebenso gegen die Fettleber erwiesen. Daher finden sie in diesem Buch auch sehr leckere Nasch-Rezepte mit Haferflocken für den Cheatday, die den Blutzucker langsamer als bei normalen Süßigkeiten ansteigen lassen.

Trink die Leber fit!

Die empfehlenswerte Trinkmenge für einen normalgewichtigen Erwachsenen liegt bei mindestens eineinhalb bis zwei Liter Flüssigkeit pro Tag, wobei an heißen Sommertagen oder bei sportlicher Betätigung deutlich mehr getrunken werden darf. Gegen den moderaten Genuss von Kaffee und schwarzem Tee ist nichts einzuwenden, die Bitterstoffe sollen den Leberstoffwechsel auf Trab halten. Natürlich darf auch mal eine Saftschorle ein Durstlöscher sein, doch hauptsächlich sollten Sie Wasser trinken. Gänseblümchen-, Löwenzahn- und Schafgarbe-Tee haben einen Leberschutz und können als Heiltees über einen Zeitraum von vier bis sechs Wochen getrunken werden. Entscheiden Sie sich für eine Pflanze. Auch wenn Sie die Pflanze in der Natur pflücken können, kaufen Sie Heiltees lieber in der Apotheke. Es handelt sich um geprüfte Produkte.

Gänseblümchentee

1 TL Gänseblümchenblüten und -blätter • 1 TL Brennnesselblätter • 250 ml kochendes Wasser

- Zwei Teelöffel der Kräutermischung mit kochendem Wasser übergießen und 10 Minuten ziehen lassen.

- 2- bis 3-mal am Tag eine Tasse trinken.

Löwenzahntee

1 TL Löwenzahnkraut mit Wurzel (getrocknet) • 250 ml kochendes Wasser

- Löwenzahn mit kochendem Wasser übergießen und 10 Minuten zugedeckt ziehen lassen.

- 1- bis 3-mal am Tag eine Tasse trinken.

Schafgarbetee

1 TL Scharfgabe (getrocknet) • 250 ml Wasser

- Einen TL Schafgarbe mit kochendem Wasser übergießen und 10 Minuten zugedeckt ziehen lassen.

- 1-mal am Tag eine Tasse trinken.

Die besten Trink-Tipps für Ihre Leber

- Trinken Sie jeden Morgen auf nüchternen Magen ein lauwarmes Glas Wasser und warten Sie mit dem Frühstück 30 Minuten.
- Alternativ können Sie ein bis drei Esslöffel frisch ausgepressten Zitronensaft in ein Glas zimmerwarmes Wasser geben und trinken oder 1 EL Apfelessig einnehmen und dann ebenfalls mit dem Frühstück 30 Minuten warten.
- Trinken Sie vor jeder Hauptmahlzeit ein Glas Wasser.
- Wenn Sie das Hungergefühl überfällt, dann trinken Sie ein Glas Wasser und spüren Sie nach, ob sie wirklich echten Hunger haben.
- Trinken Sie mindestens 1,5 Liter am Tag, hauptsächlich Wasser.
- Trinken Sie über den Tag verteilt, damit Sie nie an Wassermangel leiden.

Alkohol ist schwergewichtig

Der Abbau von Alkohol ist Schwerstarbeit für das Organ. Denn Alkohol ist Gift für den Körper und muss möglichst schnell von der Leber abgebaut werden. Aber Alkohol schadet nicht nur Ihrer Leber, er ist auch die perfekte Kalorienfalle. Egal, ob Bier, Wein oder Cocktails, sie sind wahre Kalorienbomben und tragen deutlich zur Gewichtszunahme bei.

Mit etwa 7 Kilokalorien pro Gramm Alkohol ist Alkohol per se kalorienreich:

Man sagt, in einem Glas Bier steckt von der Kalorienmenge her eine Scheibe Brot. Wer Alkohol trinkt, muss also mit zusätzlichen Pfunden rechnen. Hinzu kommt, dass viele Cocktails Sahne, Kokosmilch, Zucker und Sirup enthalten, die eine zusätzliche Portion Kalorien beisteuern. Wie schnell passiert es uns, dass wir in Geselligkeit und bei guter Partylaune über den Abend 1 Hefeweizen (220 Kilokalorien), einen Caipirinha (320 Kilokalorien) und ein Glas Rotwein (140 Kilokalorien) trinken. Diese drei Getränke haben die Kalorienmenge einer normalen Mahlzeit. Reduzieren Sie alkoholische Getränke oder noch besser: Lassen Sie diese ganz weg. Auch ohne Alkohol kann man viel Spaß haben.

Alkohol hat »Nebenwirkungen«

Eine Anzahl von Wirkungen bringt der Alkoholkonsum mit sich:

- Alkohol macht Hunger und bremst zugleich den Energiestoffwechsel aus. Ein Stück Käse oder Wurst werden gerne zum Glas Bier oder Wein gegessen. Die Wissenschaft hat dafür auch eine Erklärung: Die Lust auf Salziges entsteht, weil Alkohol dem Körper neben Wasser auch Mineralstoffe entzieht. Chips, Salzstangen, Burger und Pommes sind die Verbündeten des Alkohols und nur wenigen fällt es auf.
- Alkohol regt das Appetitzentrum im Gehirn an. Durch den Alkoholkonsum werden Essensgerüche intensiver wahrgenommen und die Lust auf Essen verstärkt. Im Magen wird daraufhin die Produktion von Magensäure angeregt, was den Hunger zusätzlich ankurbelt.
- Alkohol fährt die Fettverbrennung auf Sparflamme herunter. Die Leber setzt alles dran, zuerst den Alkohol abzubauen. Die Fettverbrennung steht hinten an und muss warten, bis der Alkohol abgebaut ist. Die Fettleber ist also vorprogrammiert
- Alkohol hemmt den Muskelaufbau.
- Die enthemmende Wirkung des Alkohols sorgt dafür, dass man mehr isst als man eigentlich will. Zusätzliche Kalorien landen so besonders schnell in den Fettdepots.

Nicht nur, dass schon kleine Mengen Alkohol die Leber schädigen. Das Mehr an Kalorien und Nährstoffen muss die Leber zusätzlich auch noch verarbeiten. Also: Sagen Sie »Nein« zu Alkohol.

Mikronährstoffe – damit der Leberstoffwechsel rund läuft

Immer wieder fragen Patienten, ob bei einer Fettleber auch Vitamin-Präparate, Kurkuma, Kaffee oder andere Nahrungsergänzungsmittel sowie freiverkäufliche Arzneimittel helfen. Meine Erfahrung ist, dass bei einer Verbesserung etwa 95 Prozent des Erfolgs durch eine erfolgreiche Ernährungsumstellung und mehr Bewegung erreicht werden und nur etwa 5 Prozent durch »Pülverchen«. Viele

Alkohol und Fettleber

Alkohol wird in unserer Gesellschaft verharmlost. Doch wer zu viel Alkohol trinkt, fördert die Entstehung einer Fettleber sowie die Einlagerung von Bauchfett. Schon kleinste Mengen schädigen die Leber. Der Abbau von Alkohol ist Schwerstarbeit für das Organ und lässt andere wichtige Aufgaben der Leber unberücksichtigt. Für die Leber ist Alkohol ein Giftstoff, der schnellstmöglich unschädlich gemacht werden muss.

Derzeit werden zwar 20 Gramm Alkohol pro Tag für gesunde Männer und 10 Gramm pro Tag für gesunde Frauen als noch tolerierbare Zufuhrmengen angesehen. Doch ist die Angabe nicht falsch zu verstehen. Es ist keinesfalls eine Empfehlung für das tägliche Trinken von Alkohol. Nichts zu trinken, mag die Leber am liebsten. Egal, ob Bier, Wein oder Spirituosen – Alkoholkonsum zählt laut Weltgesundheitsorganisation zu den zehn weltweit bedeutendsten Gesundheitsrisiken. Und auch wenn viele mit dem Argument pro Wein kommen, dass ein moderater Alkoholkonsum einen risikosenkenden Effekt auf Herz-Kreislauf-Krankheiten zugeschrieben wird, kann Alkohol nicht zur Prävention empfohlen werden, da insgesamt die negativen Wirkungen auf die Gesundheit nun mal überwiegen. Regelmäßiger Alkoholkonsum beeinträchtigt die Muskelleistung, schädigt Nerven, Leber und Pankreas.

Alkohol – Bauchfett – Fettleber

Sie kennen das alle: Die erste Reaktion auf zu viel Alkohol ist der bekannte »Kater«. Er ist auf eine Schädigung der Zellfunktionen zurückzuführen. Wer regelmäßig Alkohol trinkt, hat langfristig mehr zu befürchten: die Leber verwandelt Alkohol in Fettsäuren und diese werden im Bauchraum abgelagert. Früher sprach man vom klassischen Bierbauch. Aber nicht nur Bier, auch andere Alkoholika können zu mehr Bauchfett führen. Und nicht nur Männer, auch Frauen lagern Fett im Bauchraum aufgrund von Alkohol ab. Aus der Fettablagerung im Bauchraum wird auf Dauer eine Fettleber. Etwa 90 Prozent der Menschen, die regelmäßig viel Alkohol konsumieren, entwickeln eine Fettleber. Wenn diese durch Alkohol verursacht ist, sprechen wir von einer alkoholabhängigen Fettleber (ASH). Das einfachste Mittel das zu verhindern, ist der Verzicht auf Alkohol. Der konsequente Verzicht ermöglicht, dass sich die Fettleber wieder zurückbildet.

Oft wird gefragt, welche Menge »zu viel« ist. Hier kann die Medizin keine eindeutige Antwort geben. Es gibt Menschen, die schon bei einem niedrigen Konsum eine Fettleber entwickeln. Natürlich möchte niemand, auch ich nicht, eine Spaßbremse sein. Ein Gläschen in Ehren wird vermutlich nicht zu einer Fettleber (ASH) führen.

medizinische Studien belegen, dass Nahrungsergänzungsmittel einen Zusatznutzen haben. Wer also alles perfekt machen will, kann somit auch für eine begrenzte Zeit auf folgende Nahrungsergänzungsmittel zurückgreifen.

Folsäure und Vitamin B_{12} Diese haben einen Einfluss auf Homocystein. Homocystein kann in Verbund mit anderen Proteinen einen Transportproteinkomplex bilden. Dieser entfernt das Fett aus der Leber. Eine sehr gute Versorgung mit Vitamin B_{12} und Folsäure sorgt für ein aktives Homocystein und somit für einen besseren Abtransport von Fett aus der Leber. In einer Studie an Ratten ist gezeigt worden, dass eine hohe Gabe dieser beiden Vitamine einer Steatohepatitis entgegenwirkt. Es fehlt bisher eine Studie dazu am Menschen. Übrigens, Haferflocken sind auch reich an Folsäure.

Vitamin E In der PIVENS-Studie mit 247 Patienten mit einer Steatohepatitis, aber ohne Diabetes, wurden über einen Zeitraum von 96 Wochen ein Drittel der Patienten mit täglich 30 mg Pioglitazon (orales Antidiabetikum), ein weiteres Drittel mit 800 IU Vitamin E und die übrigen mit einem Plazebo versorgt. Von den mit Vitamin E behandelten Patienten reduzierte sich bei 43 Prozent die Fettleber deutlich, bei den mit Pioglitazon behandelten waren es 34 Prozent, bei Plazebogabe nur 19 Prozent. Da oxidativer Stress bei der Leberzellschädigung im Rahmen einer NASH eine zentrale Rolle spielt, empfiehlt die US-amerikanische Leitlinie die Gabe von Vitamin E bei nicht diabetischen Patienten mit einer Steatohepatitis.

Kaffee Zwei amerikanische Gastroenterologen, Torres und Harrison, äußern sich zum viel diskutierten Thema Kaffee: Laut ihrer Studienauswertung hat in erster Linie koffeinhaltiger Filterkaffee einen gesundheitlichen Vorteil in der Prävention der Fettleber. Allein am Koffein liegt dies aber offenbar nicht: Koffeinhaltige Energydrinks haben keine leberschützende Wirkung und gelten weiterhin als gesundheitlich bedenklich. Bei dauerhaftem Genuss von ungefiltertem Kaffee ist das Nutzen-Risiko-Verhältnis laut Torres und Harrison umstritten, da hier Anstiege des »schlechten« LDL-Cholesterins sowie häufigere Herz- und Gefäßerkrankungen beobachtet wurden.

Kurkuma Vor Kurkuma-Kapseln wird gewarnt. In den letzten 10 Jahren sind in den Staaten gehäuft Vergiftungserscheinungen der Leber nach Kurkumaaufnahme in Kapseln aufgetaucht. Kurkuma als Küchengewürz oder als Teil des Currys hilft der Leber, das lässt sich bereits im Sanskrit nachlesen und wird auch immer wieder in der Neuzeit mit kleinen Studien bestätigt. Kochen und essen mit Kurkuma und Curry ist okay, aber die Menge von Kurkuma in einigen Kapseln scheint für einige zu viel zu sein.

Eine gesunde Leber: so geht's

Um eine Fettleber wieder gesund zu machen, ist eine Umstellung der Ernährung das A und O. Ein Superfood für die Leber ist die Haferflocke, allein reicht sie aber nicht.

1. Bauen Sie Haferflocken in Ihre Mahlzeiten ein und essen Sie mehr Vollkornprodukte. Sie sättigen und schützen Ihre Leber.
2. Achtsamkeit! Führen Sie 4 Wochen lang ein Ernährungsprotokoll. Überlegen Sie dabei, worauf Sie ganz verzichten können und welche Gerichte Sie verändern können. Reduzieren Sie neben Süßem die Brot-, Reis-, Nudel- und Kartoffelmengen.
3. Essen Sie jeden Tag drei Mahlzeiten und halten Sie dazwischen 3–4-stündige Essenspausen ein, das liebt Ihre Leber. Zwei zusätzliche Zwischenmahlzeiten wie ein Glas Buttermilch oder eine Portion Quark mit wenig Obst helfen bei Hungerattacken.
4. Genießen Sie jede Mahlzeit. Essen Sie bewusst und langsamer als üblich. Je entschleunigter Sie essen, umso besser spüren Sie die Sättigung.
5. Nehmen Sie Ihre Trinkgewohnheiten sehr genau unter die Lupe. Ausreichendes Trinken von kalorienfreien Getränken unterstützt die Ausscheidung der Abbauprodukte der Leber.
6. Verzichten Sie nicht auf Einladungen oder das gewohnte Kantinenessen. Wählen Sie aber dabei bewusst kalorienarme Lebensmittel und Gerichte aus. Lassen Sie die Kohlenhydrat-Beilage weg und essen Sie nur die Eiweißquelle und das Gemüse.
7. Ihr Einkaufswagen ist richtig gefüllt, wenn sich darin neben Haferflocken und fettarmen Milchprodukten viel Gemüse und ausschließlich Vollkornprodukte sowie Obst, Fisch, Fleisch, Hülsenfrüchte und Käse befinden.

SANFTES REINIGUNGS-PROGRAMM DER LEBER

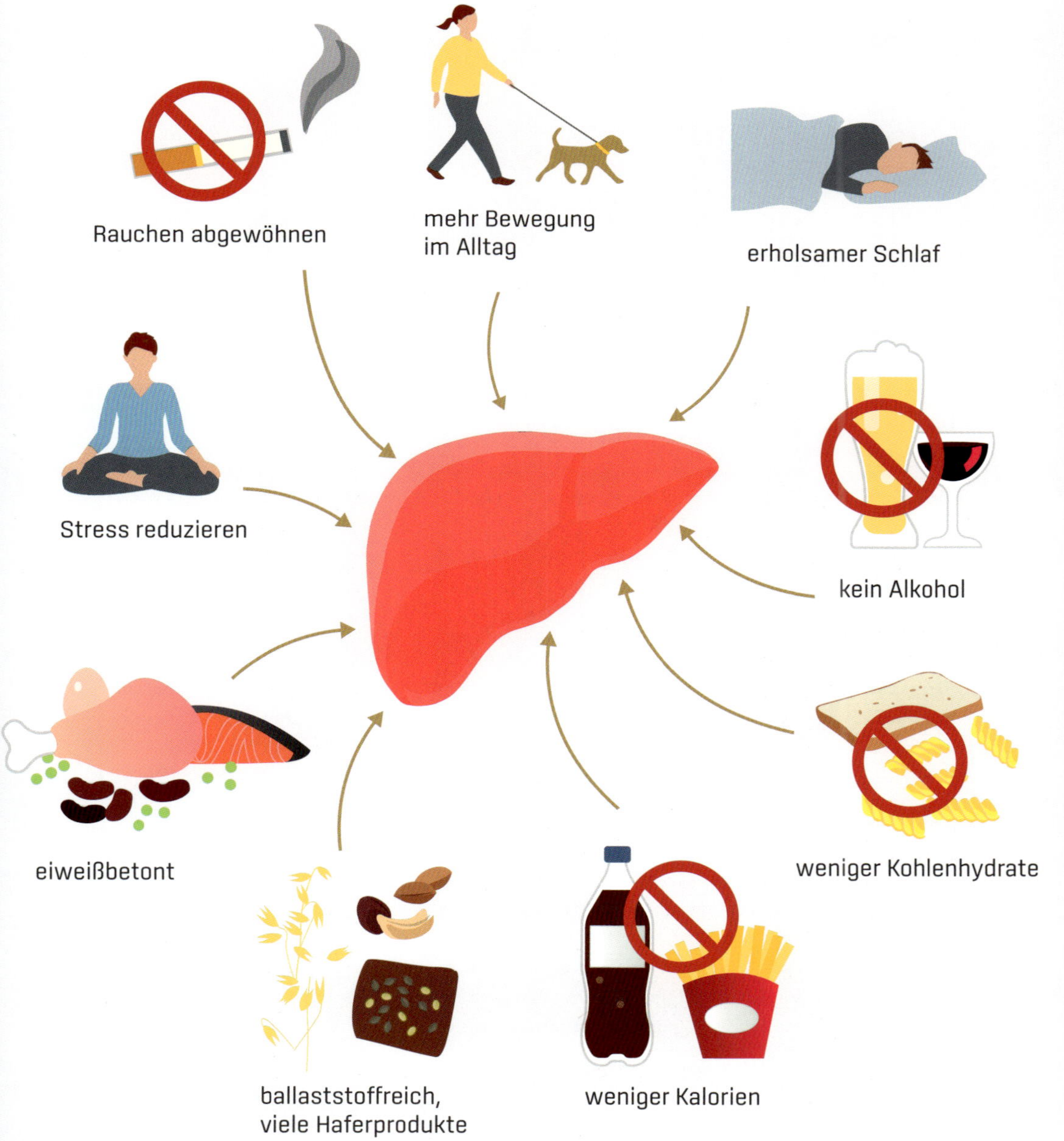

So schmilzt im Alltag Ihre Fettleber dahin!

Ernährungsnavi

Lebensmittelgruppe	geeignet	nicht geeignet
Brot und Backwaren, Beilagen,	Haferflocken, Vollkornbrot/-brötchen, Eiweißbrot/-brötchen, Vollkornnudeln, Vollkornreis, Pellkartoffeln	Weißbrot, Toastbrot, Zwieback, Weizen- und Milchbrötchen, Croissants; Nudeln, geschälter Reis, Pommes, Kroketten, Kartoffelbrei, Kartoffelpuffer
Snacks und Knabberkram	in Mengen von 20g/Tag: Schokolade mit hohem Kakaoanteil, Powerbowls und Riegel	Süßigkeiten, süße Backwaren, Kuchen, Torten, Kekse, Eiscreme; Chips, Salzgebäck, Vollmilchschokolade
Obst	Aprikosen, Äpfel, Avocado, Brombeeren, Clementinen, Erdbeeren, Kiwi, Grapefruit, Heidelbeeren, Himbeeren, Johannisbeeren, Sauerkirschen, Nektarinen, Papaya, Orangen, Pflaumen, Pfirsiche, Stachelbeeren, Wassermelone, Zwetschgen, Bananen, Birnen, Kaki (Sharon), Kirschen, Ananas, Mango, Honigmelone, Weintrauben	gezuckerte Obstkonserven, Trockenobst, Obstmus
Hülsenfrüchte	Linsen, Bohnen, Erbsen, Kichererbsen	

Lebensmittelgruppe	geeignet	nicht geeignet
Salate und Gemüse	alle Salatsorten, grüne Bohnen, Paprika, Möhren, Gurken, Kürbis, Tomaten, Fenchel, Auberginen, Artischocken, Spinat, Zucchini, Rote Bete, alle Kohlarten, Radieschen, Rettich, Spargel, Sauerkraut, Erbsen, Mais, Süßkartoffeln und Pilze	Rotkohl aus dem Glas
Nüsse und Samen	Mandeln, Walnüsse, Haselnüsse, Cashews, Macadamia, Pinien-, Kürbis- und Sonnenblumenkerne, Sesam-, Chia-, Lein- und Flohsamen	gesalzene Nüsse
Fette und Öle	Olivenöl, Rapsöl, Walnussöl, Leinöl, Hanföl, Sojaöl und Butter	Schweine- und Gänseschmalz, Butterschmalz, Palmfett, Mayonnaise, Sonnenblumenöl, Distelöl
Fisch und Meeresfrüchte	Forelle, Heilbutt, Hering, Kabeljau, Lachs, Makrele, Sardine/Sardellen, Rotbarsch, Seelachs, Kabeljau, Scholle, Seezunge, Steinbutt, Thunfisch, Garnelen, Krabben, Shrimps	Fisch in Mayonnaise oder Sahne eingelegt, panierter Fisch
Wurstwaren und Fleisch	Corned Beef, Putenbrustaufschnitt, Koch- und Lachsschinken, Kassler, Aspik, Hähnchen, Putenfleisch, Rinderfilet, Schweinfilet	paniertes Fleisch; Leberwurst, Mettwurst, Weißwurst, Salami, Schinkenspeck, Mortadella, Fleischwurst, Bockwurst, Bratwurst, Blutwurst, Fleischkäse/Leberkäse, Saumagen, Nackenfleisch, Bauchspeck
Milch und Milchprodukte, Käse und Eier	Milch 1,5 % Fett, Buttermilch, Magerquark, Naturjoghurt 1,5 % Fett; Käse bis 45 % Fett i. Tr.: Schnittkäse, Weichkäse, Fetakäse, Mozzarella, Harzer Käse, körniger Frischkäse, Eier	Sahne, Schmand und Crème fraîche; Pudding, Milchreis, Fruchtjoghurt, Fruchtquark, Kakaogetränke, Fruchtbuttermilch, Käse mit mehr als 45 % i.Tr. Mayonnaise
Getränke	Wasser, ungezuckerter Tee und Kaffee, grüner Tee, Löwenzahn- und Scharfgabentee	Fruchtsaft, Softdrinks, Kakao, Alkohol

Hafer-Rezepte

Mit Haferflocken, Milchprodukten und einer bunten Mischung aus viel Gemüse und ein wenig Obst entfetten Sie Ihre Leber in kürzester Zeit.

Wochenspeiseplan

	Montag	Dienstag	Mittwoch
Frühstück	Schoko-Overnight-Oats (Seite 67)	Himbeer-Kurkuma-Porridge (Seite 69)	Knuspriger Mango-Quark (Seite 75)
Mittag	Hafer-Spinat-Pfannkuchen (Seite 99)	Grünes Omelett (Seite 90)	Rote-Linsen-Bratlinge mit Salat und Skyrdip (Seite 89)
Abendessen	Körnerklotz mit Lachs-Kapern-Aufstrich (Seite 86)	Chicorée-Apfel-Salat (Seite 79) mit einer Scheibe Körnerklotz (Seite 125)	Mexikanischer Fetasalat (Seite 78)

Donnerstag	Freitag	Samstag	Sonntag
Scandic baked Oats (Seite 70)	Müsli nach Bircher Art (Seite 70)	Roter Powerdrink (Seite 85)	American Pancakes mit Zimtapfelmus (Seite 73)
Hähnchennuggets im Gemüsebeet (Seite 114)	Haferrisotto mit Thunfisch-Sugo (Seite 119)	Bärlauchsuppe (Seite 83)	Wokgericht mit Erdnusssauce (Seite 115)
Mediterraner Haferflockensalat (Seite 77)	Hafer-Zucchini-Brötchen (Seite 126) mit Auberginen-Tofu-Aufstrich (Seite 87)	Veganer Burger mit Avocadomus (Seite 95)	Lachs-Gemüse-Tarte (Seite 122)

START IN DEN TAG

Seelentröster

Schoko-Overnight-Oats

Für 2 Personen

Ziehzeit über Nacht; 15 Min.

200 ml Milch (1,5 % Fett) • 2 EL Kakaopulver, ungesüßt • 1 Msp. Zimt • 1 Msp. Kardamom • 100 g großblättrige Haferflocken • ½ Granatapfel • 2 Orangen • 200 g Skyr

- Milch mit Kakaopulver und Gewürzen unter Rühren aufkochen. Abkühlen lassen, Haferflocken einrühren und über Nacht abgedeckt in den Kühlschrank stellen.

- Am nächsten Morgen den Granatapfel brechen und die Kerne aus dem Apfel lösen. Von den Orangen die Unter- und Oberseite so abschneiden, dass sie sich auf die Unterseite stellen lassen. Dann die gesamte Schale in Streifen so herunterschneiden, dass die weiße Haut vollständig vom Fruchtfleisch der Orange entfernt wird. Dann die Filets aus der Orangen schneiden.

- Obst unter den Skyr rühren, eventuell mit etwas Zimt und Honig abschmecken. Auf zwei Schüsselchen verteilen.

Nährwerte pro Portion:

410 kcal • 25 g E • 8 g F • 57 g KH • 12,2 g Ba (2,6 g Beta-Glucan)

zuckerfrei

Overnight-Oats »Basic«

2 Personen
5 Min.

100 g groß- oder kleinblättrige Haferflocken • 200 ml Milch (1,5 % Fett), Haferdrink oder Wasser • optional 1 Prise Salz, ½ TL Kurkuma, Zimt, 1 Msp. Muskat, wahlweise Quark, Joghurt, Nüsse und/oder Obst

- Haferflocken mit Flüssigkeit und optional den Gewürzen in Müslischälchen oder ein Glas mit Schraubverschluss geben. Über Nacht in den Kühlschrank stellen und quellen lassen.

- Am nächsten Morgen die Overnight-Oats mit Quark, Joghurt, Nüssen und/oder Obst genießen.

Nährwerte pro Portion:
240 kcal • 10 g E • 7 g F • 33 g KH • 5,5 g Ba (2,3 g Beta-Glucan)

darmschmeichelnd

Porridge »Basic«

Für 2 Personen
10 Min.

350 ml Milch (1,5 % Fett), Haferdrink oder Wasser • 100 g kleinblättrige Haferflocken • optional 1 Prise Salz, ½ TL Kurkuma, Zimt, 1 Msp. Muskat

- Die Flüssigkeit in einem Topf erhitzen. Kurz bevor die Flüssigkeit kocht, die Haferflocken unter Rühren einstreuen. Optional mit Salz und/oder Gewürzen würzen.

- Die Temperatur auf kleinere Hitze runterstellen und unter Rühren köcheln lassen, bis das Porridge sämig ist.

Tipp: Bei Porridge mit Wasser rühren Sie nach dem Kochen 2 bis 4 EL Hafercreme oder Sahne unter. Lecker!

Nährwerte pro Portion:
285 kcal • 13 g E • 10 g F • 36 g KH • 5,5 g Ba (2,3 g Beta-Glucan)

entzündungshemmend

Himbeer-Kurkuma-Porridge

Für 1 Person

15 Min.

5 EL kleinblättrige Haferflocken • ½ flach gestrichener TL Kurkuma • 1 Prise Salz • 200 ml Wasser • 1 EL Eiweißpulver »Vanille« • 125 g Himbeeren • 100 ml Skyr • etwas Zimt

- Haferflocken, Kurkuma und 1 Prise Salz mit 200 ml Wasser zum Kochen bringen. Nach ca. 1 Min. Kochzeit den Topf vom Herd nehmen und das Porridge zugedeckt 5 Min. quellen lassen. Eiweißpulver einrühren.

- Himbeeren waschen, abtropfen und trockentupfen. Das Porridge in einen tiefen Teller füllen und den Skyr unterrühren.

- Mit Zimt abschmecken. Himbeeren darauf verteilen.

Nährwerte pro Portion:
350 kcal • 33 g E • 5 g F • 42 g KH • 11,5 g Ba (2,3 g Beta-Glucan)

lang sättigend

Fruchtiges Winterporridge

Für 1 Person

15 Min.

5 EL kleinblättrige Haferflocken • 200 ml Milch (1,5% Fett) • 1 EL Eiweißpulver »Vanille« • 1 Orange • ½ Grapefruit • 2 EL Mandelstifte • etwas Lebkuchengewürz

- Haferflocken mit 200 ml Milch zum Kochen bringen. Nach ca. 1 Min. Kochzeit den Topf vom Herd nehmen und das Porridge zugedeckt 5 Min. quellen lassen.

- Von Orange und Grapefruit die Unter- und Oberseite so abschneiden, dass sie sich auf die Unterseite stellen lassen. Dann die gesamte Schale in Streifen so herunterschneiden, dass die weiße Haut vollständig vom Fruchtfleisch der Orange und Grapefruit entfernt wird. Danach die Filets aus der Orange und zur Hälfte aus der Grapefruit schneiden.

- Das Porridge in einen tiefen Teller füllen. Eiweißpulver, Zitrusfrüchte und Mandelstifte dazugeben und mit etwas Lebkuchengewürz abschmecken.

Nährwerte pro Portion:
490 kcal • 27 g E • 15 g F • 57 g KH • 12,8 g Ba (2,4g Beta-Glucan)

verdauungsfördernd

Scandic baked Oats

Für 2 Personen

10 Min. + 15 Min. Backzeit

1 Banane • 100 g großblättrige Haferflocken • 150 ml Milch (1,5 % Fett) • 2 EL Eiweißpulver «Vanille« • 1 TL Backpulver • 1 Prise jodiertes Salz • 1 TL Zimt • 2 Äpfel • 30 g gehackte Haselnüsse • 150 g Naturjoghurt (1,5% Fett)

- Backofen auf 180 °C vorheizen.
- Banane mit einer Gabel zerdrücken.
- Haferflocken, Milch, Banane, Eiweißpulver, Backpulver, Salz und Zimt in einer Schüssel vermischen. Äpfel schälen, Kerngehäuse entfernen und fein würfeln. Die Haferflockenmasse in eine flache Backform geben, Apfelwürfel, Haselnüsse und Zimt gleichmäßig auf den Haferflocken verteilen und alles ca. 15 Min. backen.
- Anschließend aus dem Ofen nehmen, kurz abkühlen lassen und zusammen mit einem Klecks Joghurt genießen.

Nährwerte pro Portion:
520 kcal • 24 g E • 15 g F • 71 g KH • 11 g Ba (2,3 g Beta-Glucan)

darmschmeichelnd

Müsli nach Bircher Art

Für 1 Person

10 Min.

5 EL großblättrige Haferflocken • 3 TL geschroteter Leinsamen • 1 TL Sonnenblumenkerne • 1 EL gehackte Walnüsse • ½ flach gestrichener TL Kurkuma • 1 TL Leinöl • 100 g Naturjoghurt (3,5 % Fett) • 50 g Magerquark • 1 kleiner Apfel

- Haferflocken, Leinsamen, Sonnenblumenkerne und Walnüsse in einem Schälchen vermischen.
- Kurkuma und Leinöl mit Joghurt und Quark verrühren. Apfel waschen, vierteln, das Kerngehäuse entfernen und die Viertel raspeln.
- Alle Zutaten miteinander vermengen und genießen.

Nährwerte pro Portion:
570 kcal • 25 g E • 26 g F • 57 g KH • 12,2 g Ba (2,3 g Beta-Glucan)

» Müsli nach Bircher Art

sättigend

American Pancakes mit Zimtapfelmus

Für 2 Personen (6 Stück)

20 Min.

- 2 säuerliche Äpfel
- etwas Zimt
- 70 g Dinkelmehl (Type 630)
- 1 EL Eiweißpulver »neutral«
- 30 g kleinblättrige Haferflocken
- 10 g großblättrige Haferflocken
- ½ TL Backpulver
- 1 Prise Salz
- 125 ml Milch (1,5 % Fett)
- 1 Ei
- 1 TL Rapsöl
- 1 EL Kokosöl

● Äpfel schälen, vierteln, Kerngehäuse entfernen. Grob in Stück schneiden und mit 4 EL Wasser dünsten. Mit Mixstab zu Apfelmus pürieren, auskühlen lassen und mit Zimt abschmecken.

● Inzwischen eine Pfanne auf mittlere Temperatur aufheizen. Trockene Zutaten zusammenmischen. Milch und Ei hinzufügen und alles so verrühren, dass ein breiiger Teig entsteht.

● Raps- und Kokosöl in der Pfanne erhitzen und mit einem großen Löffel sechs gleich große Kleckse Teig in die Pfanne geben und backen. Wenn Blasen entstehen und der Rand fest wird, die Pancakes umdrehen. Mit dem Apfelmus servieren.

Nährwerte pro Portion:
410 kcal • 18 g E • 11 g F • 60 g KH • 6,5 g Ba (1,0 g Beta-Glucan)

eiweißreich

Overnight-Oats »Montenegro«

Für 2 Personen

über Nacht/ 10 Min.

80 g großblättrige Haferflocken • 150 – 200 ml frisch gepressten Orangensaft • 1 Banane • 2 EL Kakaonibs • 2 EL Mandelstifte • 200 g Quark (20 % Fett)

- Haferflocken mit dem Orangensaft vermischen und abgedeckt im Kühlschrank über Nacht stehen lassen.

- Am nächsten Morgen Banane in Scheiben schneiden. Zusammen mit Kakaonibs, Mandelstiften und Quark unter die Haferflocken mischen.

- Auf 2 Schüsselchen verteilen und genießen.

Nährwerte pro Portion:

430 kcal • 22 g E • 16 g F • 46 g KH • 6,8 g Ba (1,9 g Beta-Glucan)

Seelentröster

Overnight-Oats »Orient«

Für 2 Personen

über Nacht/ 10 Min.

1 Beutel ayurvedischer Gewürztee • 100 ml Milch (1,5 % Fett) • 100 g großblättrige Haferflocken • 1 Mango • 80 g Blaubeeren • 250 g Skyr (3,5 % Fett)

- Gewürztee mit 100 ml heißem Wasser überbrühen und kalt werden lassen, mit der Milch und den Haferflocken mischen. Über Nacht abgedeckt in den Kühlschrank stellen.

- Am nächsten Morgen Mango schälen, das Fruchtfleisch vom Stein schneiden und in mundgerechte Würfel schneiden. Blaubeeren waschen, abtropfen lassen. Das Obst zusammen mit dem Joghurt unter die Haferflocken mischen.

- Auf zwei Schüsselchen verteilen.

Das passt dazu: Honig

Nährwerte pro Portion:

380 kcal • 23 g E • 5 g F • 58 g KH • 9,3 g Ba (2,7 g Beta-Glucan)

sättigend

Knuspriger Mango-Quark

Für 2 Personen

20 Min.

30 g Butter • 20 g Erythrit • 50 g großblättrige Haferflocken • 10 g Kokosraspeln • 250 g Magerquark • 100 g Joghurt (1,5 % Fett) • 1 TL Honig • 1 Mango (250 g Mangofruchtfleisch)

● Für das Granola Butter, Erythrit und 2 EL Wasser in einer Pfanne erhitzen. Haferflocken und Kokosflocken unterrühren. Etwas rösten und abkühlen lassen.

● Quark mit Joghurt und Honig glattrühren. Mango waschen, schälen, Fruchtfleisch vom Stein schneiden und 250 g vom Mangofleisch fein würfeln.

● In 2 Weckgläser (½ l) abwechselnd zuerst eine Schicht Quarkcreme geben, dann etwas von dem Granola, darauf die Mangowürfel, mit Quarkcreme und Granola abschließen. Die Quarkspeise hält sich bis zu 3 Tage im Kühlschrank.

Nährwerte pro Portion:
430 kcal • 23 g E • 19 g F • 38 g KH • 5,8 g Ba (1,2 g Beta-Glucan)

Energieschub

Schoko-Hafer-Aufstrich

Für 1 Glas von ca. 200 ml Inhalt

10 Min. + Kühlzeit

4 EL kleinblättrige Haferflocken • 2 EL Backkakao • 1 EL Eiweißpulver • 1 Msp. Vanille-Extrakt • ½ TL Zimt • 1 Msp. Kardamom • 150 ml Milch (1,5% Fett) • 4 entsteinte Datteln

● Haferflocken im Mixer fein mahlen und mit Kakao, Eiweißpulver und Gewürzen vermischen. Nach und nach so viel Milch untermixen, bis eine streichfähige Konsistenz entsteht.

● Zum Schluss die Datteln grob hacken, dazugeben und alles zu einem glatten Mus pürieren.

● Den Aufstrich in ein Schraubglas füllen und bis zum Verzehr im Kühlschrank aufbewahren. Haltbarkeit ca. 1 Woche.

Nährwerte:
Nährwerte pro Glas: 595 kcal • 26 g E • 10 g F • 98 g KH • 18,4 g Ba (2,0 g Beta-Glucan)

SALATE, SUPPEN UND KLEINIGKEITEN

sättigend

Mediterraner Haferflockensalat

ca. 30 Min.

Für 2 Personen

100 g Haferflocken • 300 ml Gemüsebrühe • 1 gelbe Paprikaschote • ½ kleine Salatgurke • 150 g Cocktailtomaten • 1 Knoblauchzehe • 100 g Feta • 1 EL Honig • 1 EL Senf • Saft von ½ Zitrone • Salz • Pfeffer • 4 EL Olivenöl • 4 EL gehackte glattblättrige Petersilie

- Haferflocken ohne Zugabe von Fett in einem Topf anrösten, Brühe angießen und zugedeckt bei geringer Hitze ca. 5 Min. garen.

- Paprika und Salatgurke klein würfeln. Die Tomaten waschen und vierteln. Die Knoblauchzehe abziehen und fein hacken. Feta klein würfeln.

- Haferflocken in ein Sieb abgießen und kalt abspülen. Dann mit den vorbereiteten Zutaten mischen.

- Aus Honig, Senf, Zitronensaft, Öl, Salz und Pfeffer ein Dressing herstellen. Gehackte Petersilie einrühren. Dressing über den Salat geben, untermengen und servieren.

Nährwerte pro Portion:
560 kcal • 16 g E • 37 g F • 42 g KH • 9,3 g Ba (2,3 g Beta-Glucan)

leicht

Bunter Blattsalat mit Mozzarella

Für 2 Personen

30 Min.

2 Köpfe Romanasalatherzen • 50 g Rucola • ½ Bund Basilikum • 40 g großblättrige Haferflocken • 20 g Sonnenblumenkerne • 200 g Gurke • 1 Spitzpaprika • 3 EL frisch gepresster Limettensaft • 2 EL Olivenöl • 1 TL Honig • schwarzer Pfeffer • Salz • 120 g kleine Mozzarellakugeln

- Romanasalat und Rucola waschen und in Stücke zupfen. Basilikum abbrausen und trocken schütteln, einige Blätter beiseitelegen, die restlichen hacken. Salate und gehacktes Basilikum mischen. Haferflocken und Sonnenblumenkerne in einer Pfanne ohne Fett rösten. Gurke und Paprika in kleine Würfel schneiden und zur Salatmischung geben.

- Limettensaft mit Olivenöl und Honig verrühren. Mit Salz und Pfeffer würzen. Salatzutaten mit dem Dressing beträufeln. Mozzarellakugeln halbieren und untermischen.

- Salat mit Haferflocken und Sonnenblumenkernen bestreuen und mit dem übrigen Basilikum garnieren.

Nährwerte pro Portion:
450 kcal • 19 g E • 28 g F • 30 g KH • 7,1 g Ba (1,4 g Beta-Glucan)

eiweißreich

Mexikanischer Fetasalat

Für 2 Personen

35 Min.

½ Eisbergsalat • 1 rote Paprika • 1 kleine Dose Mais • 50 g großblättrige Haferflocken • 1 Ei • 150 g Fetakäse • 4–6 EL Olivenöl • 4–6 Zweige Koriander • Saft von ½ Zitrone • Salz • 1 Msp. Cayennepfeffer • 1 Prise brauner Zucker

- Eisbergsalat waschen und zupfen. Paprika in Streifen schneiden. Mais auf einem Sieb abtropfen lassen.

- Haferflocken und das Ei je in einen tiefen Teller geben. Ei verquirlen. Feta in Würfel schneiden. Fetawürfel in Haferflocken, im Ei und erneut in Haferflocken wenden und in 2–4 Olivenöl in einer Pfanne goldgelb braten.

- Koriander waschen, trocken schütteln, Blättchen von den Stielen zupfen und fein hacken. Restliches Öl, Zitronensaft, Salz, Cayennepfeffer und Zucker zu einer Marinade verrühren.

- Salat auf 2 Tellern verteilen. Mit der Marinade beträufeln und die noch warmen Fetawürfel darauf verteilen.

Nährwerte pro Portion:
620 kcal • 23 g E • 44 g F • 33 g KH • 8,0 g Ba (1,8 g Beta-Glucan)

Energieschub

Blumenkohlsalat mit Austernpilzen

Für 2 Personen
ca. 50 Min

½ kleiner Blumenkohl • Salz • 150 g Austernpilze • 4 EL großblättrige Haferflocken • 4 EL Olivenöl • schwarzer Pfeffer aus der Mühle • Salz • 1 kleine Zwiebel • 2 EL Weißweinessig • 6 EL Gemüsebrühe • 1 Prise brauner Zucker • 100 g Möhren • 1 Bund Schnittlauch

- Blumenkohl putzen, waschen und in Röschen teilen. In leicht gesalzenem Wasser etwa 5 Minuten garen. Austernpilze abreiben, in große Stücke teilen. 2 EL Öl in einer Pfanne erhitzen, die Pilze mit den Haferflocken darin kräftig anbraten. Salzen und pfeffern.

- Zwiebel abziehen und fein hacken. Aus Zwiebel, Essig, Gemüsebrühe und den übrigen 2 EL Öl eine Marinade rühren, mit Zucker, Pfeffer und Salz abschmecken. Den Blumenkohl darin marinieren. Möhren grob raspeln. Schnittlauch waschen und in Röllchen schneiden.

- Salatzutaten auf zwei Tellern anrichten. Die Schnittlauchröllchen über den Salat streuen.

Nährwerte pro Portion:
330 kcal • 10 g E • 23 g F • 22 g KH • 12,5 g Ba (1,4 g Beta-Glucan)

leberstoffwechselanregend

Chicorée-Apfel-Salat

Für 2 Personen
30 Min.

3 EL großblättrige Haferflocken • ½ TL Kurkuma • ½ kleine Zwiebel • 3 EL Obstessig • 2 EL Rapsöl • 2 EL Walnussöl • Salz • schwarzer Pfeffer aus der Mühle • ½ TL Honig • 2 Kolben Chicorée • ½ kleiner Kopf Radicchio • 1 roter Apfel • 2 EL Zitronensaft • 4 EL Walnusskerne

- Haferflocken mit Kurkuma in einer beschichteten Pfanne ohne Fett rösten. Zwiebel abziehen und fein hacken. Zusammen mit dem Obstessig und den Ölen zu einem Dressing aufschlagen. Mit Salz, Pfeffer und Honig abschmecken.

- Chicorée und Radicchio putzen, in ½ cm breite Streifen schneiden. Dann waschen und trocken schleudern. Mit einem Apfelstecher das Kerngehäuse des Apfels herausstechen, Apfel in feine Ringe schneiden und mit Zitronensaft beträufeln. Walnusskerne grob hacken.

- Die Salatzutaten mit der Marinade vermengen und auf zwei Tellern anrichten. Mit Walnüssen und ausgekühlten Haferflocken bestreuen.

Nährwerte pro Portion:
380 kcal • 6 g E • 28 g F • 25 g KH • 5,4 g Ba (1,2 g Beta-Glucan)

Rezept zum Coverfoto

Haferflockenbowl »Happy Day«

Für 2 Personen
25 Min.

120 g großblättrige Haferflocken • 250–300 ml Gemüsebrühe • 1 EL Leinöl • 2 Eier • ½ Avocado • 6 Radieschen • 1 Handvoll Pflücksalat • ½ Handvoll Rucola • Salz • bunter Pfeffer aus der Mühle

- Haferflocken in Gemüsebrühe aufkochen und quellen lassen. Zum Schluss das Leinöl einrühren.

- Eier hart kochen, abschrecken und pellen, dann längs in Viertel schneiden.

- Avocado schälen, Kern entfernen und Fruchtfleisch in schmale Streifen schneiden. Radieschen putzen, waschen und in hauchdünne Scheiben hobeln. Pflücksalat und Rucola waschen, trocken schleudern.

- Die Zutaten dekorativ auf zwei Bowls verteilen und mit Salz und Pfeffer würzen.

Nährwerte pro Portion:
440 kcal • 23 g E • 21 g F • 35 g KH • 8,5 g Ba (2,3 g Beta-Glucan)

Vitalstoffhappen

Gemüsemuffins

8–10 Muffins
20 Min. + 20 Min. Backen

100 g Möhren • 100 g Zucchini • 100 g rote Paprika • 100 g Spinat • 100 g Fetakäse • 120 g großblättrige Haferflocken • 2 EL Olivenöl • 100 ml Milch (1,5 % Fett)• 4 Eier • Salz • Muskat • Pfeffer

- Möhren, Zucchini und Paprika putzen und würfeln. Spinat waschen und in Streifen schneiden und alles vermengen.

- Fetakäse würfeln und unter das Gemüse mischen. Die Haferflocken dazugeben, mit Salz und Pfeffer würzen und in die mit dem Olivenöl eingefetteten Muffin-Formen portionieren.

- Milch und Eier verquirlen, mit Salz, Pfeffer und Muskat würzen und gleichmäßig in die Formen gießen. Dann noch die Mischung kräftig mit der Hand andrücken, um die Flüssigkeit gleichmäßig in der Füllung zu verteilen.

- Bei 180 °C 20 Min. backen. Wird die Masse zu dunkel, mit Alufolie abdecken und fertigbacken.

Nährwerte pro Portion:
90 kcal • 5 g E • 4 g F • 9 g KH • 2,5 g Ba (0,7 g Beta-Glucan)

Gemüsemuffins

zellregulierend

Kalte Gurkensuppe

Für 2 Personen

20 Min + 1 Std. Kühlzeit

½ Bund Dill • ½ Bund Petersilie • ½ Kästchen Kresse • 1 Gartengurke (400 g) • 2 EL Haferkleie • 300 ml Buttermilch • 100 g Magerquark • 1 TL gekörnte Gemüsebrühe • Salz • weißer Pfeffer

- Dill und Petersilie abbrausen, trocken tupfen und Blättchen von den Stielen zupfen. Kresse vom Ballen schneiden, abbrausen. Alles in einen Standmixer geben und pürieren.

- Gurke waschen und in grobe Stücke schneiden. Zusammen mit der Haferkleie zu den Kräutern in den Mixer geben und pürieren.

- Buttermilch, Quark und Gemüsebrühe dazugeben und erneut zu einer homogenen Flüssigkeit pürieren. Mit Salz und Pfeffer abschmecken. Im Kühlschrak kalt stellen und kalt servieren.

Nährwerte pro Portion:
160 kcal • 16 g E • 2 g F • 18 g KH • 3,8 g Ba (0,3 g Beta-Glucan)

fixe Sättigung

Schnelle Hafer-Gemüse-Suppe

Für 2 Personen

30 Min.

1 EL Rapsöl • 40 g Haferschrot • 150 g TK-Suppengemüse oder anderes Gemüse • 500 ml Gemüsebrühe • 60 g saure Sahne • Salz • weißer Pfeffer • 1 Msp. Muskat • 2 EL Schnittlauchröllchen

- Rapsöl in einem Topf erhitzen, Haferschrot darin anrösten, Gemüse hinzufügen und mit Brühe aufgießen. Das Ganze etwa 20 Min. köcheln.

- Saure Sahne dazugeben und mit dem Mixstab pürieren.

- Suppe mit Salz, Pfeffer und Muskat abschmecken. Auf zwei Tellern verteilen und mit Schnittlauchröllchen garnieren.

Nährwerte pro Portion:
220 kcal • 6 g E • 14 g F • 18 g KH • 4,0 g Ba (0,3 g Beta-Glucan)

Vitalstoffglück

Zucchinisuppe

Für 2 Personen
30 Min.

1 Zwiebel • 1 Knoblauchzehe • 400 g Zucchini • 1 EL Rapsöl • 1 EL Currypulver »Madras« • 500 ml Gemüsebrühe • 50 g kleinblättrige Haferflocken • 100 ml Crème fraîche • 1 EL Leinöl • 2 EL Eiweißpulver • Salz • weißer Pfeffer • Chilipulver

- Zwiebel und Knoblauch abziehen und fein hacken. Zucchini in Scheiben scheiden.

- Rapsöl in einem Topf erhitzen. Zwiebel und Knoblauch anbraten, Zucchini hinzugeben, mit Currypulver bestäuben und mitdünsten. Brühe angießen aufkochen, Haferflocken einstreuen und etwa 20 Min. köcheln lassen.

- Crème fraîche, Leinöl und Eiweißpulver dazugeben, alles zu einer homogenen Suppe pürieren. Die Suppe mit Salz und Pfeffer abschmecken, auf zwei Tellern verteilen und mit Chilipulver garnieren.

Tipp Mein Lieblingstopping ist gerösteter Schwarzkümmel auf dieser Suppe.

Nährwerte pro Portion:
350 kcal • 13 g E • 20 g F • 30 g KH • 9,7 g Ba (1 • 3 g Beta-Glucan)

zellstoffregulierend

Bärlauchsuppe

Für 2 Personen
15 Min.

1 Zwiebel • 2 Knoblauchzehen • 1 EL Rapsöl • 500 ml Gemüsebrühe • 4 EL kleinblättrige Haferflocken • 20 Bärlauchblätter • 50 ml Sahne • 2 EL Eiweißpulver • weißer Pfeffer • Salz

- Zwiebel und Knoblauch abziehen und fein hacken. Rapsöl in einem Topf erhitzen, Zwiebel und Knoblauch andünsten, mit Gemüsebrühe ablöschen, Haferflocken einrühren und 10 Minuten köcheln lassen.

- In der Zwischenzeit Bärlauchblätter waschen, trocken schütteln und in feine Streifen schneiden.

- Bärlauchstreifen, Sahne und Eiweißpulver in die Suppe geben und alles pürieren. Mit Salz und Pfeffer abschmecken und auf zwei Tellern verteilen.

Nährwerte pro Portion:
290 kcal • 14 g E • 19 g F • 30 g KH • 7,1 g Ba (1,4 g Beta-Glucan)

vitalstoffreich

Roter Powerdrink

Für 2 Personen

10 Min.

2 vakuumierte Rote Bete • 1 säuerlicher Apfel • 2 Limetten • 1 TL Ingwer, gerieben • 1 EL Honig • Saft von 2 Blutorangen • 2 EL kleinblättrige Haferflocken • 200 g Magerquark

- Rote Bete grob würfeln. Apfel schälen, entkernen und grob würfeln. Limetten heiß waschen, trocken tupfen, Schale abreiben und Saft auspressen.

- Rote Bete-, Apfelwürfel, Limettenabrieb und -saft mit Ingwer, Honig, Blutorangensaft, Haferflocken und Quark in einen Standmixer geben und auf höchster Stufe fein pürieren.

- Eventuell noch etwas Wasser nachgießen, wenn der Smoothie zu dickflüssig ist. Auf zwei Gläser verteilen.

Nährwerte pro Portion:

280 kcal • 17 g E • 2 g F • 45 g KH • 5,3 g Ba (0,3 g Beta-Glucan)

Morgenkick

Mandarinen-Birnen-Shake

Für 2 Personen

5 Min.

2 Mandarinen • 1 Birne • ½ TL Mateteepulver • 2 TL kleinblättrige Haferflocken • 400 g Skyr

- Mandarinen schälen, in Spalten zerlegen und eventuelle Kerne entfernen. Das Kerngehäuse, Stil- und Blütenansatz aus der Birne entfernen und das Fruchtfleisch in Stücke schneiden.

- Obst mit 4 EL Wasser im Mixer oder mit dem Pürierstab mixen.

- Mateteepulver, Haferflocken, Skyr und Haferdrink hinzugeben und nochmals mixen.

- Auf zwei Gläser verteilen und sofort genießen.

Nährwerte pro Glas

230 kcal • 23 g E • 1 g F • 30 g KH • 4,2 g Ba (0,3 g Beta-Glucan)

« Roter Powerdrink

eiweißreich

Kräuter-Hafer-Quark

Für 2 Personen

30 Min. + Kühlzeit

50 g Haferschrot • 300 ml Gemüsebrühe • 1 Knoblauchzehe • 200 g Magerquark • 2 EL Leinöl • 3–5 EL Schnittlauchröllchen • 4–6 EL frisch gehackte Petersilie • Salz • Pfeffer

- Haferschrot mit der Brühe in einem Topf aufkochen und bei kleiner Hitze ca. 20 Min. köcheln lassen. Gegebenenfalls noch etwas Wasser zugießen. Abkühlen lassen.

- Knoblauch schälen und fein hacken. Quark mit Öl glatt rühren. Knoblauch, Schnittlauch und Petersilie unterrühren. Den abgekühlten Haferschrot dazugeben, alles gut verrühren und mit Salz und Pfeffer abschmecken.

- Im Kühlschrank aufbewahrt ist der Aufstrich mehrere Tage haltbar.

Tipp Der Aufstrich lässt sich auch wunderbar mit Gemüsesticks essen.

Nährwerte pro Portion:

300 kcal • 17 g E • 17 g F • 18 g KH • 2,7 g Ba (1,3 g Beta-Glucan)

eiweißreich

Lachs-Kapern-Aufstrich

Für 2 Personen

20 Min.

80 g Räucherlachs • 2 Zweige Dill • 2 TL Kapern • 100 g Frischkäse • 50 g Joghurt (1,5 % Fett) • 2 EL kleinblättrige Haferflocken • Salz

- Lachs klein schneiden, Dill und Kapern fein hacken.

- Frischkäse mit wenig Essigwasser der Kapern glatt rühren. Joghurt und Haferflocken verrühren.

- Alle Zutaten vermengen und mit Salz abschmecken.

Nährwerte pro Portion:

320 kcal • 16 g E • 24 g F • 9 g KH • 1,5 g Ba (0,7 g Beta-Glucan)

sättigend

Haferflocken-Chili-Paste

Für 2 Personen

20 Min.

1 Chilischote • 2 Knoblauchzehen • 50 g kleinblättrige Haferflocken • 1 EL Leinöl • 250 g Skyr • ½ TL Salz • 1 TL Paprika, edelsüß

- Chilischote putzen, die Kerne gründlich entfernen und grob hacken. Knoblauchzehen abziehen und grob hacken.
- Haferflocken ohne Fett in einer Pfanne rösten, zusammen mit der Chilischote und dem Knoblauch in einen Universalzerkleinerer geben und fein hacken.
- Danach Leinöl und Skyr unterrühren und mit Salz und Paprika abschmecken.

Nährwerte pro Portion:
210 kcal • 17 g E • 7 g F • 21 g KH • 2,5 g Ba (1,1 g Beta-Glucan)

eiweißreich

Auberginen-Tofu-Aufstrich

Für 2 Personen

15 Min. + 10 Min. Grillen

100 g Aubergine • 100 g Räuchertofu • 1 Zwiebel • 1 Knoblauchzehe • 2 EL großblättrige Haferflocken • 1 EL Olivenöl • 2 EL Tomatenmark • 3 EL Zitronensaft • Sojasauce • Pfeffer • Kräuter der Provence

- Aubergine und Tofu in ca. ½ cm dicke Scheiben schneiden. Zwiebel vierteln und den Knoblauch halbieren. Alles auf einem Backblech verteilen, mit Haferflocken bestreuen und im Backofen bei 220 °C mit der Grillfunktion auf der obersten Schiene von jeder Seite 5 Min. grillen.
- Anschließend alles in eine Schüssel geben. Öl, Tomatenmark und Zitronensaft dazugeben und mit dem Pürierstab fein pürieren. Den Aufstrich mit Sojasauce, Pfeffer und Kräutern der Provence abschmecken.

Nährwerte pro Portion:
180 kcal • 12 g E • 9 g F • 11 g KH • 3,1 g Ba (1,1 g Beta-Glucan)

HAUPTGERICHTE VEGETARISCH

sättigend

Rote-Linsen-Bratlinge mit Salat und Skyrdip

Für 2 Personen
45 Min.

150 g rote Linsen • 1 TL gekörnte Gemüsebrühe • 1 Knoblauchzehe • 2 EL Chia-Samen • 30 g Dinkelvollkornmehl • 60 g kleinblättrige Haferflocken • Salz • Pfeffer • ½ TL Basilikum • ½ TL Kreuzkümmel • 2 EL Olivenöl • 150 g Skyr • 2 EL Leinöl • ¼ TL Kurkuma • 100 g Rucola • 120 g Tomaten

- Linsen etwa 10 Min. in der doppelten Menge Wasser mit Gemüsebrühe garen, abgießen und abkühlen lassen. Knoblauch schälen und fein hacken. Linsen mit Knoblauch, Chia-Samen, Mehl und Haferflocken mischen. Mit Salz, Pfeffer, Basilikum und Kreuzkümmel würzen. Aus der Masse 6 Bratlinge formen.

- Olivenöl in einer Pfanne erhitzen und Bratlinge darin etwa 5 Minuten von beiden Seiten goldbraun anbraten.

- Währenddessen Skyr mit 2 EL Leinöl verrühren, mit Salz, Pfeffer und Kurkuma würzen. Rucola waschen und trocken schütteln. Tomaten putzen, waschen und klein schneiden. Bratlinge mit Skyrdip, Rucola und Tomaten servieren.

Nährwerte pro Portion:
630 kcal • 35 g E • 26 g F • 63 g KH • 18,9 g Ba (1,0 g Beta-Glucan)

Eiweißschub

Grünes Omelett

Für 2 Personen

20 Min.

1 Zwiebel • 350 g Kartoffeln • 2 EL Rapsöl • 100 g TK-Erbsen • 4 EL großblättrige Haferflocken • 3–4 Eier • Salz • weißer Pfeffer • Kurkuma • 2–3 EL frisch geriebener Parmesan • 2–3 EL frisch gehackte glatte Petersilie

- Zwiebel abziehen und fein hacken. Kartoffeln waschen, schälen und in Würfel schneiden.

- Rapsöl in der Pfanne erhitzen. Zwiebel und Kartoffeln dazugeben und darin braten. Sobald die Kartoffeln weich sind, Erbsen und Haferflocken hinzugeben.

- Eier aufschlagen und miteinander verschlagen, mit Salz, Pfeffer und Kurkuma würzen. Die Eiermasse in die Pfanne dazugeben und das Ganze stocken lassen. Auf einen Teller gleiten lassen. Umgedreht in die Pfanne geben und weiterbacken lassen.

- Zum Schluss mit Parmesan und Petersilie bestreuen auf zwei Tellern verteilen.

Nährwerte pro Portion:

530 kcal • 26 g E • 25 g F • 48 g KH • 7,0 g Ba (1,4 g Beta-Glucan)

vitalstoffreich

Süßkartoffel-Piccolino

Für 4 Personen

25 Min. + 25 Min. Backen

2 große Süßkartoffeln (600 g) • 1 TL Olivenöl • Salz • 100 g Spitzpaprika • 2 Knoblauchzehen • 20 g glatte Petersilie • 140 g Mais (aus der Dose) • 50 g großblättrige Haferflocken • 40 g frisch geriebener Pecorino • ¼ TL Kreuzkümmel • ½ TL Paprika • ¼ TL weißer Pfeffer • 2 Eier

- Den Backofen auf 200 °C vorheizen. Süßkartoffeln waschen und in 1 cm dicke Scheiben schneiden. Backblech mit Backpapier auslegen, Süßkartoffelscheiben darauf verteilen, mit Öl bestreichen und salzen.

- Paprika sehr fein hacken. Knoblauch fein hacken. Paprika, Knoblauch, Petersilie, Mais, Haferflocken, Pecorino und Eier miteinander vermengen. Mit den Gewürzen und Salz abschmecken.

- Mit einem Esslöffel die Masse auf den Süßkartoffelscheiben verteilen. Das Blech auf mittlerer Schiene etwa 25 Minuten im Backofen backen.

Nährwerte pro Portion:

710 kcal • 25 g E • 21 g F • 101 g KH • 16,1 g Ba (1,8 g Beta-Glucan)

Vitalstoffbooster

Möhren-Puffer mit Haferflocken

Für 2 Personen

30 Min.

300 g Möhren • 50 g kleinblättrige Haferflocken • 2 EL frisch geriebener Parmesan • 1 Ei • 2 EL Kichererbsenmehl • 4 EL frisch gehackte Küchenkräuter • Salz, Pfeffer, Paprika • 4 EL Olivenöl

- Möhren waschen, putzen und mit der Gemüseraspel fein raspeln. Haferflocken, Parmesan, Ei, Kichererbsenmehl und Küchenkräuter hinzugeben und alles zu einer Masse verrühren. Mit Salz, Pfeffer und Paprika würzen.

- Ein wenig Öl in einer beschichteten Pfanne erhitzen. Mit einem Esslöffel den Teig portionsweise in die Pfanne setzen und von beiden Seiten etwa 3 Min. braten.

- Dann auf ein Küchenkrepp legen und entfetten. Im Backofen warmstellen, bis alle Puffer gebacken sind.

Tipp Dazu passt ein pikanter Quark aus 150 g Magerquark, 100 g Joghurt, 1 EL Leinöl, 4 EL frisch gehackten Gartenkräutern, Salz und Pfeffer.

Nährwerte pro Portion:

390 kcal • 13 g E • 28 g F • 20 g KH • 4,6 g Ba (1,1 g Beta-Glucan)

entzündungshemmend

Zucchini-Schiffchen

Für 2 Personen

45 Min. + 30 Min.

2 Zucchini (à 200 g) • Salz • 2 Knoblauchzehen • 4 EL gehackte Petersilie • 2 EL Rapsöl • 100 g Feta • 4–6 getrocknete, in Öl eingelegte Tomaten • 100 g großblättrige Haferflocken • 2 Eier • 3 EL Tomatenmark • schwarzer Pfeffer • 1 TL Thymian • 1 Prise Cayennepfeffer

- Zucchini längs halbieren. Fruchtfleisch aus den Zucchini lösen, dabei einen etwa ½ cm breiten Rand stehen lassen. Salzen. Zucchinifleisch pürieren.

- Knoblauch abziehen und fein hacken. Backofen auf 200 °C vorheizen und eine Auflaufform mit etwas Öl einfetten.

- Feta und Tomaten fein würfeln. Haferflocken, Zucchinipüree, Knoblauch, Petersilie, Tomatenmark, Eier, Tomaten- und Fetawürfel vermengen. Mit Salz, Pfeffer, Thymian und Cayennepfeffer abschmecken.

- Füllung in die Zucchinihälften füllen, in eine Auflaufform setzen und auf mittlerer Schiene etwa 30 Minuten backen.

Nährwerte pro Portion:

550 kcal • 27 g E • 33 g F • 36 g KH • 8,4 g Ba (2,3 g Beta-Glucan)

vitalstoffreich

Gebackene Gemüsetaler

Für 4 Personen

25 Min.

- 200 g Aubergine (klein)
- 200 g Zucchini
- 2 Eier
- 2 EL Sahne
- 100 g kleinblättrige Haferflocken
- 3 EL Kichererbsenmehl
- 6 EL Olivenöl
- 1 TL Kräuter der Provence
- Salz
- schwarzer Pfeffer
- ½ Zitrone
- 1 Knoblauchzehe
- 10 g gehackte glattblättrige Petersilie
- 100 g Ziegenfrischkäse

● Aubergine und Zucchini waschen. Stielansatz entfernen und in 1 cm breite Scheiben schneiden. Scheiben von beiden Seiten leicht salzen und nebeneinander auf Küchenpapier setzen. 10 Min. ziehen lassen, dann trocken tupfen.

● Für die Panade Eier mit Sahne, etwas Salz und Pfeffer in einem tiefen Teller verquirlen.

● Haferflocken mit Kichererbsenmehl und Kräutern der Provence mischen.

● Auberginen- und Zucchinischeiben zuerst im verquirlten Ei und danach in den Haferflocken wenden.

● Die Hälfte des Olivenöls erhitzen, darin die Hälfte der Taler von beiden Seiten bei mittlerer Temperatur goldbraun ausbacken. Mit der zweiten Hälfte des Olivenöls und der Taler auf die gleiche Weise verfahren.

● Für die Gremolata Zitrone auspressen. Knoblauch abziehen und hacken. Beides mit der Petersilie vermengen. Den Ziegenkäse auf die Taler streichen und mit der Gremolata bestreuen.

Nährwerte pro Portion:
400 kcal • 13 g E • 29 g F • 21 g KH • 4,5 g Ba (1,2 g Beta-Glucan)

fleischlos lecker

Blumenkohlschnitzel mit Zitronen-Senf-Sauce

Für 2 Portionen
30 Min.

- 1 Blumenkohl
- Salz
- 1 Zwiebel
- 1 EL Butter
- 2 TL Senf
- Abrieb und Saft einer Zitrone
- 1 TL gekörnte Gemüsebrühe
- 3 EL Weizenvollkornmehl
- 1 TL Kurkuma
- 2 Eier
- 40 g großblättrige Haferflocken
- 100 ml Sahne (30 % Fett)
- 4 EL Rapsöl
- Pfeffer

Blumenkohl putzen und halbieren. An der Schnittfläche zwei Scheiben Blumenkohl abschneiden und diese in kochendem Salzwasser ca. 5 Minuten bissfest garen. Den restlichen Blumenkohl anders verwenden.

Inzwischen Zwiebel abziehen und fein hacken, in der Butter anschwitzen. Senf, Saft einer halben Zitrone und Gemüsebrühe dazugeben und miteinander vermengen. Mit zwei Kellen Blumenkohl-Kochwasser auffüllen und für ca. 3 Min. köcheln lassen.

Blumenkohl aus dem Wasser nehmen und kurz abtropfen lassen.

Mehl mit Kurkuma mischen. Dann die Blumenkohlscheiben im Mehl wenden, durch die aufgeschlagenen Eier ziehen und zum Schluss mit den Haferflocken panieren.

Sahne zur Senf-Zitronen-Sauce geben und weiter köcheln lassen.

Rapsöl in einer Pfanne erhitzen. Die Hitze reduzieren und die Blumenkohlscheiben ca. 2 Min. von beiden Seiten goldbraun braten. Anschließend auf einem Küchenpapier abtropfen lassen und leicht salzen und pfeffern.

Senf-Zitronen-Sauce kurz mit einem Pürierstab aufschlagen. Die Blumenkohlschnitzel auf zwei Tellern mit der Sauce anrichten und mit etwas Zitronenabrieb garnieren.

Nährwerte pro Portion:
630 kcal • 17 g E • 48 g F • 32 g KH • 7,2 g Ba (1,4 g Beta-Glucan)

ballaststoffreich

Vegane Burger mit Avocadomus

Für 4 Burger

50 Min.

- 350 g weiße Bohnen (Dose)
- 100 g großblättrige Haferflocken
- 1 EL Chiasamen
- 3 EL Sesamsamen
- 2 EL Sojasauce
- ½ TL Salz
- 1 TL Kurkumapulver
- 1 reife Avocado
- Saft von ½ Limette
- Salz
- Pfeffer
- 1 Handvoll Rucola
- 50 g Haferflocken zum Bestreuen
- 4 EL Olivenöl
- 4 Brötchen nach Belieben (z. B. Rezept Zucchini-brötchen)
- 4 Tomatenscheiben

Abgetropfte Bohnen mit Haferflocken, Chiasamen, Sesamsamen, Sojasauce, Salz und Kurkuma in einen Standmixer geben und zu einer homogenen Masse pürieren. Die Masse etwa 30 Min. quellen lassen.

In der Zwischenzeit die Avocado halbieren, das Fruchtfleisch herauskratzen und samt Limettensaft in einer Schüssel mit einer Gabel zu Mus zerdrücken. Mit Salz und Pfeffer abschmecken.

Rucola verlesen, waschen und trocken schleudern.

Teig zu 4 gleich großen Patties formen. Das geht am besten mit einer Burgerpresse, dabei immer ein paar Haferflocken in die Presse und oben auf den Pattie-Teig streuen.

Öl in einer Pfanne erhitzen und die Patties darin von jeder Seite 3–4 Minuten bei mittlerer Hitze goldbraun braten.

Die Brötchen aufschneiden und mit Avocadomus bestreichen. Mit Rucola, je einem Patty und einer Tomatenscheibe belegen, die Brötchendeckel auflegen und die Burger am besten mit einem bunten Blattsalat servieren.

Nährwerte pro Burger:
470 kcal • 14 g E • 25 g F • 47 g KH • 8,8 g Ba (1,2 g Beta-Glucan)

ballaststoffreich

Gemüse-Hafer-Waffeln

Für 12 Waffeln

ca. 35 Min. ca. 30 Minuten Ruhezeit

- 150 g Dinkelmehl (Type 630)
- 100 g kleinblättrige Haferflocken
- 2 Eier
- 200 ml Buttermilch
- 50 g Magerquark
- 1 TL Backpulver
- 300 g Möhren
- 1 Kohlrabi
- 100 g Lauch
- etwas Salz
- etwas Pfeffer
- ¼ TL Paprika
- 2 EL Rapsöl zum Einfetten des Waffeleisens
- 100 g Rucola
- 150 g Cocktailtomaten

● Dinkelmehl und Haferflocken mit Eiern, Buttermilch, Quark und Backpulver zu einem Teig verrühren.

● Möhren und Kohlrabi wachen, putzen und auf einer Gemüseraspel raspeln, dann unter den Teig heben. Lauch waschen, putzen und in sehr feine Streifen schneiden, ebenfalls unter den Teig mischen. Eventuell etwas Mineralwasser dazugeben und zu einem zähflüssigen Teig verrühren.

● Mit Salz, Pfeffer und Paprika würzen.

● Das Waffeleisen aufheizen, einfetten und die Waffeln abbacken. Es werden etwa 12 Waffeln. Die Waffeln schmecken warm und kalt.

● Rucola waschen, trocken tupfen. Die Tomaten waschen, halbieren und beides dekorativ auf den Waffeln anrichten.

Tipp Reichen Sie einen Quark- oder Avodacodipp dazu. Für Letzteren das Fruchtfleisch einer Avocado mit 2 EL Zitronensaft und 100 g Naturjoghurt verrühren. Mit Salz, Pfeffer, Paprika und Kreuzkümmel würzen.

Nährwerte pro Waffel:
120 kcal • 6 g E • 3 g F • 17 g KH • 3,0 g Ba (0,2 g Beta-Glucan)

Eiweißbombe

Kidneybohnenbratlinge

Für 2 Personen

50 Min.

- 30 g kleinblättrige Haferflocken
- 120 g Kidneybohnen (Dose)
- 2 EL Magerquark
- 1 EL Chia-Samen
- 1 kleine Möhre
- ½ Zwiebel
- 1 TL Senf
- 1 EL Sojasauce
- 1 TL Tomatenmark
- 2 EL frisch gehackte Petersilie
- Salz
- weißer Pfeffer
- 2 EL Weizenvollkornmehl
- 1 Ei
- 2 EL Sahne
- 40 g großblättrige Haferflocken
- 4 EL Rapsöl

● Haferflocken in Standmixer geben und zu Haferflockenmehl verarbeiten. Kidneybohnen auf ein Sieb geben und abbrausen, abtropfen lassen und mit dem Haferflockenmehl zu einer gleichmäßigen Masse im Mixer pürieren.

● Quark und Chia-Samen unterrühren und quellen lassen. Ist die Masse zu fest, geben Sie esslöffelweise ein bisschen Wasser dazu.

● Möhre waschen, schälen und raspeln. Zwiebel abziehen und fein hacken.

● Möhrenstücke und Zwiebelwürfel, Senf, Sojasauce, Tomatenmark und fein gehackte Petersilie unter die Bratlingmasse kneten und mit Salz und Pfeffer abschmecken.

● Den Teig etwa 30 Min. ruhen lassen.

● Das Vollkornmehl auf einen tiefen Teller geben, in einen zweiten das Ei mit der Sahne aufschlagen, in den dritten Teller die Haferflocken geben.

● Nun die Hände anfeuchten und aus der Bratlingmasse 4 bis 6 kleine Bratlinge formen. Diese zuerst im Mehl wenden, dann im aufgeschlagenen Ei und zum Schluss in den Haferflocken.

● Das Rapsöl erhitzen und die Bratlinge bei mittlerer Hitze von beiden Seiten etwa 3 Min. knusprig backen.

Tipp Dazu passt ein grüner Salat mit Cocktailtomaten und einem Balsamico-Olivenöl-Dressing.

Nährwerte pro Portion:
480 kcal • 17 g E • 31 g F • 34 g KH • 7,9 g Ba (2,4 g Beta-Glucan)

Eiweißpower

Hafer-Spinat-Pfannkuchen

Für 2 Personen

30 Min.

- 80 g kleinblättrige Haferflocken
- 3 Eier
- 150 ml Milch (1,5 % Fett)
- 2 EL frisch geriebener Parmesan
- ½ TL Salz
- 4 EL Olivenöl
- 250 g Babyspinat
- ½ Schalotte
- 1 Knoblauchzehe
- Pfeffer
- Muskatnuss
- 80 g Mozzarella

Haferflocken im Mixer oder Küchenmultifunktionsgerät zu Mehl mahlen und in eine Schüssel geben. Eier, Milch, Parmesan und Salz hinzugeben und alles zu einem flüssigen Teig verrühren. Den Backofen auf 100 °C vorheizen.

Etwas Öl in einer großen beschichteten Pfanne erhitzen. Eine Kelle Teig hineingeben und backen, bis die Unterseite goldbraun ist. Den Pfannkuchen mithilfe eines Tellers oder Deckels wenden und fertig braten. Dann auf eine Platte gleiten lassen und im Backofen warm stellen. Mit dem restlichen Teig ebenso verfahren, bis er aufgebraucht ist.

Für die Füllung den Spinat verlesen, waschen und trocken schleudern. Die Schalotte und die Knoblauchzehe abziehen und fein hacken.

Etwa 1 EL Olivenöl in einem Topf erhitzen, Schalotte und Knoblauch darin glasig anschwitzen. Spinat zugeben und zusammenfallen lassen. Mit Salz, Pfeffer und Muskat würzen. Mozzarella in kleine Würfel schneiden.

Die Pfannkuchen auf zwei Teller verteilen, anteilig mit Füllung belegen, mit Mozzarellawürfelchen bestreuen und zusammenklappen. Heiß servieren.

Nährwerte pro Portion:

570 kcal • 28 g E • 41 g F • 23 g KH • 5,7 g Ba (2,1 g Beta-Glucan)

Eiweißpower

Cevapcici auf Weißkrautsalat

Für 4 Personen (12 Stück)

20 Min + 1 Std. Ruhezeit

300 g Weißkohl • 1/2 TL Salz • 1 Zwiebel • 2 Knoblauchzehen • 350 g weiße Bohnen (aus der Dose) • 80 g kleinblättrige Haferflocken • 1 Ei • 1 EL Harissa • 1 TL Salz • 4 EL Gomaseo • 3 EL Olivenöl • 2 EL Weißweinessig • ¼ TL gestoßener Kümmel • 2 EL Rapsöl

- Weißkohl in dünne Streifen hobeln, mit Salz durchkneten und stehen lassen.
- Zwiebel und Knoblauchzehen hacken. ¼ der gehackten Zwiebel beiseitelegen. Abgetropfte weiße Bohnen mit Haferflocken, Ei, Zwiebel und Knoblauch pürieren. Kräftig mit Harissa und Salz abschmecken und 1 Std. ruhen lassen.
- Gomaseo auf einen tiefen Teller geben. Mit angefeuchteten Händen aus der Masse 12 Cevapcici formen und im Gomaseo wälzen. Öl in einer Pfanne erhitzen und die Cevapcici braten.
- Weißkohl ausdrücken und mit restlichen Zwiebeln, Kümmel, Essig und Öl durchkneten.

Nährwerte pro Portion:
450 kcal • 25 g E • 15 g F • 51 g KH • 11,4 g Ba (2,0 g Beta-Glucan)

stoffwechselregulierend

Haferflockenbratlinge

Für 2 Personen

55 Min.

200 ml Gemüsebrühe • 80 g großblättrige Haferflocken • 4 EL fein gehackte Petersilie • ¼ TL Pfeffer • ½ Zwiebel • 60 g Stangensellerie • 80 g rote Spitzpaprika • 1 Möhre • 100 g Magerquark • 2 EL Dinkelvollkornmehl • 4 EL Vollkornsemmelbrösel • 4 El Rapsöl • 2 Möhren • 1 Kohlrabi • etwas Salz • etwas weißer Pfeffer • Saft von ½ Zitrone • 2 EL Walnussöl

- Haferflocken mit kochender Gemüsebrühe übergießen, Petersilie und Pfeffer zufügen. 15 Min. quellen lassen.
- Zwiebel, Sellerie, Paprika putzen und klein würfeln, Möhre schälen und fein raspeln. Gemüse in 1 El Öl andünsten, mit Quark, Dinkelvollkornmehl und Semmelbröseln zu den Haferflocken geben. Aus der Masse ovale Bratlinge formen und im restlichen Öl auf jeder Seite 5 Min. goldbraun braten.
- Möhren und Kohlrabi schälen und grob raspeln. Mit Salz und Pfeffer würzen. Zitronensaft und Walnussöl unterrühren.

Nährwerte pro Portion:
620 kcal • 14 g E • 34 g F • 63 g KH • 15,1 g Ba (2,0 g Beta-Glucan)

Haferflockenbratlinge

sättigend

Vegetarische Mangoldrouladen

Für 2 Personen

60 Min. + 12 Std. Einweichzeit

- 60 g großblättrige Haferflocken
- 300 g Mangold
- Salz
- 100 g Feta
- 1 Zwiebel
- 1 Knoblauchzehe
- 1 EL Butter
- Pfeffer
- 1 Ei
- 2 EL Schmand
- 150 ml Gemüsebrühe
- abgeriebene Schale einer ½ Zitrone
- 1 EL Stärke
- 50 ml Milch (1,5 % Fett)
- etwas Salz
- etwas Pfeffer
- 1 Msp. Muskat

● Haferflocken über Nacht in Wasser einweichen.

● Mangold putzen und waschen, dabei die Stiele abschneiden die Mittelrippen der Blätter etwas flach schneiden. Mangoldblätter in reichlich Salzwasser kurz blanchieren, mit einem Schaumlöffel herausheben, abschrecken und gründlich trocken tupfen. Feta fein würfeln.

● Haferflocken abgießen. Zwiebel und Knoblauch abziehen und fein hacken. Butter in einer Pfanne erhitzen, Zwiebel und Knoblauch dazugeben und mit Salz und Pfeffer würzen.

● Für die Füllung die Haferflockenmischung mit Feta, Zwiebeln, Knoblauch, Ei und 1 EL Schmand gut vermengen, die Masse mit Salz und Pfeffer abschmecken. Die Füllung auf den Stielansatz der 4 Mangoldblätterlagen setzen und diese zu Rouladen einrollen, dabei die Seiten der Blätter leicht einschlagen.

● Die Brühe mit Zitronenschale aufkochen. Die Mangoldrouladen hineinlegen und zugedeckt bei reduzierter Hitze 8 Min. garen. Herausnehmen und warm stellen.

● Für die Sauce Stärke mit der Milch verrühren, dann in die Brühe einrühren und aufkochen. Mit Salz, Pfeffer und Muskat abschmecken. Die Mangoldrouladen mit der Sauce anrichten.

Nährwerte pro Portion:
370 kcal • 19 g E • 24 g F • 20 g KH • 7,2 g Ba (1,6 g Beta-Glucan)

Vitalstoffbooster

Wirsing-Rouladen aus dem Ofen

Für 2 Personen

40 Min. + 45 Min. Backzeit

- 6 EL großblättrige Haferflocken
- 120 ml Gemüsebrühe
- 4 große Wirsingblätter
- ½ Zwiebel
- 1 Knoblauchzehe
- 1 Möhre
- 100 g Räuchertofu
- 1 Ei
- 1 EL Sojasauce
- Salz
- weißer Pfeffer
- 300 g stückige Tomaten (Dose)
- Salz
- 1 TL Kräuter der Provence
- 2 EL Rapsöl

- Haferflocken mit heißer Gemüsebrühe übergießen und quellen lassen.

- Die äußeren Blätter vom Wirsing entfernen. Dann vier große Wirsingblätter vorsichtig vom Strunk auslösen. Die dicken Blattrippen aus der Mitte herausschneiden. Die Blätter kurz in kochendem Salzwasser blanchieren und dann abschrecken. Blätter abtropfen lassen.

- Backofen auf 180 °C Umluft vorheizen.

- Zwiebel und Knoblauch abziehen und fein hacken. Möhre waschen und fein hobeln. Tofu sehr fein würfeln. Tofu mit Möhrenraspeln, Zwiebel, Knoblauch, Ei, Sojasauce und abgegossenen Haferflocken mischen. Mit Salz und Pfeffer würzen.

- Je 2 Wirsingblätter übereinanderlegen und ½ der Masse auf das untere Ende geben, dabei an den Seiten 2–3 cm Platz lassen. Die Seiten über die Füllung klappen und alles zu einer Roulade aufrollen. Mit Küchengarn zu einer Roulade binden.

- Tomaten mit Salz, Pfeffer und Kräutern würzen. Öl in einem feuerfesten Bräter oder einer Auflaufform erhitzen und Rouladen darin rundherum gut anbraten. Tomaten dazugeben und alles im vorgeheizten Backofen ca. 45 Min. garen. Herausnehmen und servieren.

Nährwerte pro Portion:

370 kcal • 20 g E • 19 g F • 29 g KH • 7,8 g Ba (2,1 g Beta-Glucan)

Sattmacher

Haferflocken-Falafel in Tortillawraps

Für 2 Personen

40 Min. + 20 Min. Backzeit

- 200 g Kichererbsen (Dose)
- 50 g kleinblättrige Haferflocken
- 2 EL Zitronensaft
- 30 g Tahina
- 80 ml Hafercreme
- Salz
- ½ TL Kreuzkümmel
- ¼ TL schwarzer Pfeffer
- ½ TL Paprika, edelsüß
- 50 g Kichererbsenmehl
- 2 EL Olivenöl
- 5 EL Joghurt (3,5% Fett)
- 2 EL Zitronensaft
- 2 EL Tahina
- 100 g Cocktailtomaten
- 100 g Spitzpaprika
- 60 g Salatmischung (Rucola, Spinat, etc.)
- 2 kleine Tortillafladen (20 cm Durchmesser)

● Kichererbsen, Haferflocken, Zitronensaft, Tahina und Hafercreme in einen Standmixer in ein hohes Gefäß geben und zu einer homogenen Masse pürieren.

● Die Gewürze mit dem Kichererbsenmehl in eine breite Schüssel geben. Die Kichererbsenmasse dazugeben und mit den Händen einen festen, homogenen Teig kneten. Mit Salz und eventuell weiterer Gewürzgabe abschmecken.

● Backofen auf 200 °C vorheizen. Dann mit den Händen etwa 16 kleine Bällchen formen. Diese auf ein gefettetes Blech setzen. Die Bällchen mit Öl bepinseln und 15 bis 20 Min. im Backofen garen.

● Inzwischen aus Joghurt, Zitronensaft und Tahina ein Dressing herstellen. Mit Salz und Gewürzen abschmecken.

● Tomaten und Spitzpaprika waschen, Tomaten halbieren, Spitzpaprika in Streifen schneiden. Salat abbrausen, trocken schleudern.

● Die Fladen in einer Pfanne erwärmen. Dann jeden Fladen mit dem Dressing bestreichen und mit den Falafel und anderen Zutaten belegen. Die Seiten einklappen, aufrollen und genießen.

Nährwerte pro Portion:

870 kcal • 31 g E • 33 g F • 107 g KH • 17,5 g Ba (1,3 g Beta-Glucan)

sättigend

Eier-Tomaten-Auflauf

Für 2 Personen

25 Min + 20 Min.

- 1 kleine Zwiebel
- 1 Knoblauchzehe
- ½ rote Paprikaschote
- 1 grüne Chilischote
- 10 Zweige glattblättrige Petersilie
- 1 EL Olivenöl
- 1 Dose stückige Tomaten (400 g)
- Salz
- schwarzer Pfeffer aus der Mühle
- ½ TL Paprika, edelsüß
- ½ TL Zucker
- 4 Eier
- 4 EL großblättrige Haferflocken
- 4 hauchdünne Scheiben italienische Salami

Knoblauch und Zwiebel abziehen und fein hacken. Paprika waschen, putzen und sehr fein würfeln. Chilischote ebenfalls waschen, putzen und in ganz feine Ringe schneiden.

Backofen auf 200 °C vorheizen und eine Gratinform (etwa 20 cm Durchmesser) mit etwas Öl einfetten. Petersilie waschen, trocken tupfen und fein hacken.

Restliches Öl in einer Pfanne erhitzen, die Zwiebel glasig dünsten, dann Knoblauch, Paprika und Chilischote mitdünsten. Die stückigen Tomaten dazugeben und einkochen lassen. Mit Salz, Pfeffer, Paprika und Zucker abschmecken.

Die Tomatenmasse in die Auflaufform geben. Mit einem Esslöffel 4 Vertiefungen in die Tomatenmasse drücken. Die Eier nacheinander aufschlagen und je ein Ei in eine Mulde setzen.

Zuerst die Haferflocken und dann die Salamischeiben auf den Auflauf verteilen und das Ganze auf oberer Schiene etwa 20 Minuten backen. Dabei sollen die Eiweiße fest werden, aber die Eigelbe noch weich sein. Zum Schluss mit der restlichen Petersilie bestreuen.

Nährwerte pro Portion:

380 kcal • 22 g E • 21 g F • 24 g KH • 6,9 g Ba (1,2 g Beta-Glucan)

ballaststoffreich

Italienischer Auberginenauflauf

Für 4 Personen

40 Min. + 45 Min Backzeit

- 100 g großblättrige Haferflocken
- 150 ml Gemüsebrühe
- 2 Auberginen (750 g)
- 600 g reife Fleischtomaten
- 2 Knoblauchzehen
- 1 Zwiebel
- 5 EL Olivenöl
- 2 TL getrocknetes Basilikum
- Salz
- schwarzer Pfeffer
- 125 g Mozzarella
- 60 g geriebener Parmesan
- ½ Bund Basilikum

● Den Backofen auf 180 °C vorheizen. Haferflocken in eine Schüssel geben, mit heißer Gemüsebrühe übergießen und quellen lassen.

● Auberginen waschen, trocken reiben, den Stielansatz entfernen, längs halbieren und in ½ cm dicke Scheiben schneiden. Die Auberginenscheiben mit Olivenöl bepinseln. Ein Backblech mit Öl einfetten. Die Auberginenscheiben nebeneinander auf das Blech legen und 10 Min. backen. Dann herausnehmen und abkühlen lassen.

● Inzwischen die Tomaten über Kreuz einritzen, kurz mit kochendem Wasser überbrühen, mit kaltem Wasser abschrecken, enthäuten, vierteln, entkernen und von den Stängelansätzen befreien. Dann in Würfel schneiden. Knoblauch und Zwiebel abziehen und sehr fein hacken. In einem Topf 2 EL Olivenöl erhitzen, Zwiebeln und Knoblauch andünsten, dann Tomaten, getrocknetes Basilikum, Salz und Pfeffer hinzufügen und ca. 10 Min. bei niedriger Temperatur köcheln lassen.

● Mozzarella halbieren und die Hälften in Scheiben schneiden. Eine Auflaufform mit etwas Olivenöl ausstreichen. Mit ⅔ der Tomatensauce den Boden bedecken. Die Auberginenscheiben fächerartig in die Form setzen, Die gequollene Haferflockenpaste und den Parmesan auf den Auberginenscheiben verteilen. Mit Mozzarellastückchen und restlicher Tomatensauce bedecken. Dann für ca. 45 Min. auf mittlerer Schiene im Backofen backen.

● Basilikum waschen, trocken tupfen, die Blätter von den Stielen zupfen und fein hacken. Vor dem Servieren das frische Basilikum über den Auflauf streuen.

Nährwerte pro Portion:

400 kcal • 18 g E • 26 g F • 24 g KH • 7,6 g Ba (1,3 g Beta-Glucan)

stoffwechselregulierend

Auberginen-Haferflocken-Bällchen in Tomatensauce

Für 2 Personen

⏲ 40 Min. + 20 Min. Backzeit

- 1 mittelgroße Aubergine
- 2 EL Olivenöl
- 1 kleine Zwiebel
- 1 Knoblauchzehe
- 80 g Feta
- 1 Ei
- 50 g kleinblättrige Haferflocken
- 30 g Haferkleie
- Salz
- Pfeffer
- Paprikapulver
- Korianderpulver
- 400 g Tomaten
- 2 EL Tomatenmark
- 1 TL getrocknetes Basilikum
- 1 EL Pinienkerne
- 6 Zweige frisches Basilikum

● Den Backofen auf 200 °C vorheizen.

● Aubergine waschen, putzen, längs in Scheiben schneiden und auf ein mit Backpapier belegtes Backblech setzen, mit etwas Öl bepinseln und im Ofen ca. 20 Min. backen. Dann die Auberginen aus dem Ofen herausnehmen und abkühlen lassen.

● Inzwischen Zwiebel und Knoblauch abziehen und fein hacken. Feta fein würfeln. Auberginenscheiben fein hacken, mit der Hälfte der Zwiebel und dem Knoblauch sowie Feta, Ei, Haferflocken und Haferkleie in eine Schüssel geben, zu einem Teig kneten und mit Salz, Pfeffer, Paprika und Koriander abschmecken.

● Aus der Masse 10 bis 12 walnussgroße Bällchen formen. In einer großen Pfanne 1 EL Öl erhitzen und die Bällchen von allen Seiten goldgelb anbraten. Aus der Pfanne nehmen und auf Küchenpapier abtropfen lassen.

● Tomaten waschen, putzen und klein schneiden. Das restliche Öl erhitzen, restliche Zwiebel und Knoblauch andünsten. Tomaten und Tomatenmark zugeben und zu einer Sauce einkochen lassen, eventuell pürieren. Mit Salz, Pfeffer, Basilikum, Paprika und Koriander abschmecken.

● Pinienkerne in einer Pfanne ohne Fett anrösten. Basilikum waschen, trocken schütteln und in Streifen schneiden. Bällchen in der Sauce erwärmen. Mit Pinienkernen und Basilikumstreifen bestreuen.

Nährwerte pro Portion:
490 kcal • 22 g E • 29 g F • 35 g KH • 10,9 g Ba (2,5 g Beta-Glucan)

Powerbowl

Hafer-Risotto mit Pastinake, Salbei und Pancetta

Für 2 Personen
ca. 1 Std.

- 1 Schalotte
- 1 Knoblauchzehe
- 2 EL Olivenöl
- 120 g Hafer
- 80 ml Traubensaft
- 350 ml heiße Rinderbrühe
- Salz, Pfeffer
- 250 g Pastinaken
- 2 Stängel Salbei
- 2 Scheiben Pancetta
- 1 EL Butter
- 50 g frisch geriebener Parmesan

● Schalotte und Knoblauchzehe abziehen und fein hacken. 1 EL Olivenöl in einem Topf erhitzen. Den Hafer zusammen mit Schalotte und Knoblauch hineingeben und kurz anschwitzen lassen. Mit Traubensaft ablöschen und die Hitze reduzieren. Unter Rühren so lange köcheln lassen, bis die Flüssigkeit vollständig aufgenommen wurde, dann etwas heiße Rinderbrühe angießen. Ebenfalls einkochen lassen und in 45 Min. unter gelegentlichem Umrühren kochen.

● Pastinaken schälen und in feine Scheiben schneiden. Den Salbei waschen und trocken schütteln. Das restliche Olivenöl in einer beschichteten Pfanne erhitzen. Zuerst die Pastinaken darin knusprig braten, herausnehmen und warm stellen. Dann den Salbei im Bratensatz braten und schließlich den Pancetta.

● Sobald das Haferrisotto gar ist, Butter und Parmesan unterrühren. Mit Salz und Pfeffer würzen. Das Risotto auf zwei Tellern verteilen und mit Pastinakenscheiben und je 1 Salbeistängel und 1 Pancettascheibe garniert servieren.

Nährwerte pro Person
530 kcal • 19 g E • 28 g F • 44 g KH • 7,8 g Ba (3,2 g Beta-Glukan)

HAUPTGERICHTE MIT FLEISCH UND FISCH

Proteinpower

Putenschnitzel mit Haferflocken-Panade

Für 2 Personen

30 Min.

8 EL kleinblättrige Haferflocken • 3 EL Dinkelmehl (Type 630) • 1 Ei • 2 Putenschnitzel à 150 g • Salz • weißer Pfeffer • 4 EL Rapsöl

- Haferflocken und Mehl jeweils auf einen flachen Teller geben. Das Ei in einem tiefen Teller aufschlagen und mit Salz und Pfeffer würzen.

- Schnitzel waschen, mit Küchenkrepp trocken tupfen, flach ausklopfen und halbieren. Erst in Mehl, dann in der Eimasse und zum Schluss in den Haferflocken wälzen.

- Rapsöl in einer beschichteten Pfanne erhitzen, die panierten Schnitzel darin goldgelb ausbacken.

Nährwerte pro Portion:

530 kcal • 46 g E • 26 g F • 28 g KH • 3,9 g Ba (1,5 g Beta-Glucan)

Proteinschub

Haferflocken-Schinken-Frikadellen

Für 4 Portionen

30 Min + 1 Std. Ruhezeit

1 Möhre • ½ Bund Schnittlauch • 50 g gekochter Schinken • 150 g kleinblättrige Haferflocken • 150 g Magerquark • 2 Eier • Salz • weißer Pfeffer • 50 g Paniermehl • 4 EL Rapsöl

- Die Möhre waschen, putzen und raspeln. Schnittlauch waschen, trocken tupfen und fein hacken. Schinken fein würfeln.

- Alle Zutaten mit Haferflocken und Quark in eine Schüssel geben. Eier hinzufügen und alles zu einem Teig verkneten und etwa 1 Stunde quellen lassen.

- Aus dem Teig kleine Taler formen und diese im Paniermehl wenden. Das Öl in einer Pfanne erhitzen und die Haferflockenfrikadellen bei reduzierter Hitze von beiden Seiten goldgelb braten.

Nährwerte pro Portion:
360 kcal • 19 g E • 17 g F • 35 g KH • 5,2 g Ba (2,0 g Beta-Glucan)

vitalstoffreich

Hähnchennuggets im Gemüsebeet

Für 2 Personen

30 Min. + 30 Min. Backen

250 g Hähnchenbrustfilet • 1 Ei • 2 EL großblättrige Haferflocken • 1 EL Kichererbsenmehl • 2 EL Wasser • ½ TL Ras el Hanout • Salz • 1 Zucchini • 1 rote Paprikaschote • 1 Möhre • 3 Lauchzwiebeln • 3 EL Olivenöl • Paprikapulver, edelsüß • weißer Pfeffer

- Hähnchenbrust abspülen, trocken tupfen und in mundgerechte Würfel schneiden. Ei mit Haferflocken, Kichererbsenmehl, Wasser, Ras el Hanout und Salz verrühren. Fleischwürfel hineingeben und verrühren. Quellen lassen.

- Den Backofen auf 200 °C vorheizen. Das Gemüse waschen, putzen und in mundgerechte Stücke schneiden. In eine Schüssel geben und mit Olivenöl, Salz, Paprika und weißem Pfeffer verrühren.

- Ein Backblech mit Backpapier auslegen, Gemüse und Hähnchenbrustwürfel verteilen. Auf mittlerer Schiene ca. 30Minuten backen. Dann auf zwei Tellern verteilen.

Nährwerte pro Portion:
430 kcal • 39 g E • 21 g F • 37 g KH • 7,7 g Ba (1,2 g Beta-Glucan)

Vitalstoffpower

Wokgericht mit Erdnusssauce

Für 2 Personen

30 Min.

- 200 g Hähnchenbrustfilets
- Salz
- Pfeffer
- Paprika, edelsüß
- 1 kleine Zwiebel
- 2 Knoblauchzehen
- 2 cm frischer Ingwer
- 1 rote Paprikaschote
- 1 kleiner Pak Choi
- 1 kleine rote Chilischote
- 2 EL Rapsöl
- ½ TL Curry
- Kurkuma
- 2 EL Sojasauce
- 100 g großblättrige Haferflocken

Für die Sauce:

- 1 Schalotte
- 1 EL Rapsöl
- 5 EL Erdnussbutter (ggf. Crunchy)
- 100 ml Wasser
- 2 TL Limettensaft
- 1 TL Sojasauce
- ½ TL Sambal Oelek

● Hähnchenbrustfilets waschen, abtupfen und in mundgerechte Stücke schneiden. Mit Salz, Pfeffer und Paprika würzen.

● Zwiebel abziehen und in dünne Streifen schneiden. Knoblauchzehe und Ingwer schälen und fein hacken. Paprika waschen, halbieren, entkernen und in mundgerechte Stücke schneiden. Pak Choi waschen und in Streifen schneiden. Chili waschen, entkernen und in feine Ringe schneiden.

● 1 EL Öl in einem Wok erhitzen, Hähnchenstücke darin unter Wenden ca. 4 Minuten scharf anbraten. Aus der Pfanne nehmen und beiseite stellen.

● Das übrige Öl im Wok erhitzen und Ingwer und Knoblauch andünsten. Zwiebel, Chili, Paprika und Pak Choi zugeben und unter Rühren 4–5 Minuten anbraten. Die Hähnchenstücke untermischen. Mit Curry, Kurkuma, Sojasauce, Salz und Pfeffer würzen und abschmecken. Die Haferflocken unterrühren und mitrösten.

● Für die Erdnusssauce die Schalotte schälen und sehr fein hacken. Das Öl in einem kleinen Topf erhitzen und Schalotte anschwitzen. Auf mittlerer Hitze die Erdnussbutter und 100 ml Wasser dazugeben und ca. 2 Minuten leise köcheln lassen. Mit Sojasauce, Limettensaft und Sambal Oelek atbschmecken.

Nährwerte pro Portion:

630 kcal • 40 g E • 32 g F • 46 g KH • 11,7 g Ba (2,9 g Beta-Glucan)

Vitalstoffpower

Kürbis-Tomaten-Curry mit Hafergrütze

Für 2 Personen

ca. 40 Min.

- 100 g Hafergrütze
- 250 ml Gemüsebrühe
- 250 g Hähnchenbrust-filets
- 1 EL Hafer-(flocken-)mehl
- etwas grobes Meersalz
- 1 EL Kurkuma
- 1 Knoblauchzehe
- 2 cm frischer Ingwer
- 1 Zwiebel
- ½ rote Chilischote
- 400 g Hokkaido-Kürbis
- ½ Limette
- 100 g Cocktailtomaten
- 2 EL Olivenöl
- 2 EL Currypulver
- 2 EL Tomatenmark
- 4 EL Sahne (30 % Fett)
- Pfeffer

● Hafergrütze mit Gemüsebrühe in einen Topf geben. Zugedeckt 20 Min. bei geringer Hitze köcheln lassen.

● Hähnchenbrustfilets unter fließendem kaltem Wasser abbrausen, trocken tupfen und in dünne Streifen schneiden. Das Fleisch in einer Schüssel mit Hafermehl, wenig Salz und Kurkuma gut vermengen.

● Knoblauch und Ingwer schälen und fein hacken. Zwiebel abziehen und fein würfeln. Chilischote waschen, putzen und fein würfeln. Kürbis waschen, halbieren, die Kerne herauskratzen und das Fruchtfleisch 2 cm groß würfeln. Die Limette auspressen. Die Cocktailtomaten waschen und vierteln.

● Öl in einer Pfanne erhitzen. Die Hähnchenbruststreifen darin von allen Seiten anbraten und herausnehmen. Zwiebel, Knoblauch, Ingwer, Chili, Currypulver und Tomatenmark im Bratansatz rösten. Die Kürbisstücke zugeben. Mit Sahne ablöschen, das Hähnchenfleisch zusammen mit dem Limettensaft und den Cocktailtomaten hinzugeben. Weitere 5 Minuten zugedeckt garen.

● Curry mit Salz und Pfeffer abschmecken und zur Hafergrütze servieren.

Nährwerte pro Portion:
630 kcal • 52 g E • 19 g F • 12,9 g KH • 3,7 g Ba (2,9 g Beta-Glucan)

Proteinpower

Rinderfrikadelle mit Käsekern

Für 2 Personen

40 Min.

1 kleine Zwiebel • 1 Knoblauchzehe • 250 g Rinderhackfleisch • 80 g kleinblättrige Haferflocken • 1 Ei • 1 TL Senf • 1 TL Tomatenmark • ½ TL Salz • ¼ TL gemahlener Kreuzkümmel • ¼ TL Paprikapulver, edelsüß • ¼ TL weißer Pfeffer • 40 g Gouda • 2 EL Olivenöl

- Zwiebel und Knoblauch abziehen und fein hacken. Hackfleisch in eine Schüssel geben, Zwiebel- und Knoblauchwürfel, Haferflocken, Ei, Senf und Tomatenmark hinzufügen. Mit Salz und Gewürzen würzen. Den Fleischteig gründlich vermengen und sechs kleine Frikadellen formen.

- Käse in sechs Würfel schneiden. Jede Frikadelle mit einem Stück Käse füllen und wieder in Form bringen.

- Olivenöl in einer beschichteten Pfanne erhitzen und die Frikadelle von jeder Seite etwa 2 Minuten anbraten. Danach die Temperatur reduzieren und die Frikadellen unter Wenden in etwa 12–15 Minuten goldbraun braten.

Nährwerte pro Portion:
700 kcal • 44 g E • 46 g F • 30 g KH • 5,9 g Ba (2,3 g Beta-Glucan)

entzündungshemmend

Fischfrikadellen

Für 2 Portionen

30 Min. + 1 Std. Ruhezeit

10 g frischer Dill • ½ Zwiebel • 250 g Fischfilet, z. B. Kabeljau, Lachs, Rotbarsch, Seelachs • 1 Ei • 40 g kleinblättrige Haferflocken • Salz • weißer Pfeffer • 20 g Semmelbrösel • 2 EL Rapsöl

- Dill waschen, trocken tupfen, die Blättchen von den Stielen zupfen und fein hacken. Zwiebel abziehen und fein hacken.

- Fisch kalt abspülen, trocken tupfen und in feine Würfel schneiden. Die Zutaten mit dem Ei und 25 g Haferflocken in einer Schüssel zu einer homogenen Masse verkneten. Mit Salz und Pfeffer abschmecken. Die Fischmasse im Kühlschrank etwa 1 Stunde ruhen lassen. Aus der Masse vier Frikadellen formen.

- Restliche Haferflocken mit Paniermehl auf einem tiefen Teller vermengen, die Fischfrikadellen darin wälzen. Das Öl in einer beschichteten Pfanne erhitzen und die Frikadellen bei mittlerer Hitze von beiden Seiten etwa 5 Min. goldgelb braten.

Nährwerte pro Portion:
340 kcal • 30 g E • 15 g F • 20 g KH • 3,1 g Ba (1,3 g Beta-Glucan)

Vitalstoffpower

Kabeljauloin mit Gemüsecurry

Für 2 Personen
25 Min.

1 Zucchini • 1 rote Paprika • 1 Stange Lauch • 2 EL Rapsöl • 1 EL rote Currypaste • 150 ml Kokosmilch • 300 g Rotbarschfilet • 2 EL Sojasauce • 4 EL großblättrige Haferflocken • 2 EL Sesam • ½ TL Kurkuma • Salz • weißer Pfeffer

- Zucchini und Lauch längs halbieren und in dünne Scheiben schneiden. Paprika in Streifen schneiden. Öl in einer Pfanne erhitzen. Gemüse dazugeben und bei mittlerer Hitze anbraten. Mit Currypaste würzen, mit der Kokosmilch ablöschen und köcheln lassen.

- Fischfilet abspülen, trocken tupfen, in breite Streifen schneiden und mit Sojasauce beträufeln. Fischstreifen auf das Gemüse setzen und in der abgedeckten Pfanne etwa 5 Minuten garen.

- In einer zweiten Pfanne Haferflocken, Sesam und Kurkuma ohne Zugabe von Fett anrösten, mit Salz und Pfeffer abschmecken. Gemüse und Kabeljau auf zwei Tellern verteilen und mit dem gerösteten Haferflocken-Sesam bestreuen.

Nährwerte pro Portion:
600 kcal • 37 g E • 39 g F • 25 g KH • 7,3 g Ba (1,2 g Beta-Glucan)

ballaststoffreich

Haferrisotto mit Thunfisch-Sugo

Für 2 Personen
35 Min.

100 g Hafer • 1 rote Zwiebel • 2 Knoblauchzehen • je 1 rote und grüne Paprikaschote • 2 EL Olivenöl • 300 ml Gemüsebrühe • ½ Bund Basilikum • 1 Dose Thunfisch (natur im eigenen Saft, 120 g Abtropfgewicht) • 2–4 TL Harissa (scharfe Paprikapaste) • 1 EL Kapern • 50 g saure Sahne • Salz

- Hafer in einem Multifunktionsgerät oder Mixer grob schroten. Zwiebel und Knoblauch abziehen und fein hacken. Paprika waschen, putzen und würfeln.

- Im Topf 1 EL Öl erhitzen, geschroteten Hafer darin anrösten, mit Brühe aufgießen und garen. Das restliche Öl in einem anderen Topf erhitzen, Zwiebel, Knoblauch und Paprika darin dünsten.

- Basilikumblätter fein hacken. Thunfisch abtropfen lassen und zerpflücken, mit Basilikum, Harissa, Kapern und Sahne unter die Paprikasauce rühren, mit Salz abschmecken. Die Hafergrütze auf zwei tiefe Teller verteilen und Thunfisch-Sugo darauf verteilen.

Nährwerte pro Portion:
380 kcal • 23 g E • 15 g F • 36 g KH • 8,5 g Ba (2,5 g Beta-Glucan)

Eiweißpower

Zitronen-Kabeljaufilet unter mediterraner Knusperkruste

Für 2 Personen

20 Min. + 25 Min. Backzeit

- 50 g in Öl eingelegte getrocknete Tomaten
- 2 Knoblauchzehen
- 4 Zweige Basilikum
- 1 Bio-Zitrone
- 350 g Kabeljaufilet ohne Haut
- 60 g großblättrige Haferflocken
- ¼ TL Paprika
- 2 Eier
- Salz
- weißer Pfeffer
- 50 g frisch geriebenen Gouda

Tomaten aus dem Öl nehmen, mit einen Küchenkrepp abtupfen und in Würfel schneiden. Knoblauch abziehen und fein hacken. Basilikum waschen, Blätter von Stielen zupfen und fein hacken. Zitrone waschen und in Scheiben schneiden.

Eine Auflaufform mit Olivenöl einpinseln, die Zitronenscheiben darauf verteilen. Fischfilets waschen, trocken tupfen und mit Salz und Pfeffer würzen, auf die Zitronenscheiben legen.

Aus Tomatenwürfeln, Haferflocken, Knoblauch, Basilikum, Paprika und Eiern eine Masse herstellen. Diese mit Salz und Pfeffer sowie Paprika abschmecken. Die Haferflockenmasse über den Fisch geben. Den Gouda über die Haferflockenmasse verteilen.

Backofen auf 180 °C vorheizen. Den Fisch auf der mittleren Schiene etwa 25 Min. backen.

Nährwerte pro Portion:
450 kcal • 45 g E • 20 g F • 22 g KH • 4,5 g Ba (1,3 g Beta-Glucan)

ballaststoffreich

Lachs-Gemüse-Tarte

Zutaten für 10 Stücke

20 Min. + 45 Min.

- 180 g kleinblättrige Haferflocken
- 125 g Magerquark
- 5 EL Rapsöl
- 5 EL Milch (1,5 % Fett)
- ½ TL Salz
- 2 TL Backpulver
- 200 g Cocktailtomaten
- 300 g gegarter Brokkoli
- 300 g Lachsfilet
- ½ TL Basilikum, getrocknet
- ½ TL Thymian, getrocknet
- Salz
- Pfeffer
- ½ TL abgeriebene Zitronenschale
- 3 Eier
- 2 EL Senf
- 250 g Skyr
- 2 EL gehackter Dill

● Die Haferflocken in einem Multifunktionsgerät klein mahlen. Den Quark in eine Schüssel geben und mit Öl, Milch und Salz verrühren. Das Hafermehl mit dem Backpulver vermischen. Zur Quarkmasse geben und mit den Knethaken eines Rührgerätes zu einem geschmeidigen Teig verarbeiten. Den Teig in eine Tarteform (24 cm Durchmesser) drücken.

● Die Cocktailtomaten halbieren. Brokkoli in Röschen teilen. Den Fisch in ca. 2 cm große Würfel schneiden. Tomaten, Brokkoli und Fisch in der Tarteform verteilen. Mit Basilikum, Thymian, Salz und Pfeffer bestreuen.

● In einer Schüssel Zitronenschale, Eier, Senf und Skyr mit dem Dill verrühren und über den Fisch geben. Mit einem Löffel und mehrmaligem leichtem Wackeln der Tarteform an den Rändern verteilen.

● Die Tarte etwa 45 Min. backen und vor dem Anschneiden ca. 5–10 Minuten auskühlen lassen.

Nährwerte pro Stück:
230 kcal • 17 g E • 11 g F • 14 g KH • 3,0 g Ba (0,8 g Beta-Glucan)

sättigend

Hafer mit mariniertem Lachs

Für 2 Personen

ca. 1 Std + 30 Min. Marinierzeit

- 100 g Hafer
- 1 unbehandelte Zitrone
- Salz
- 300 g Lachsfilet mit Haut
- 2 El Olivenöl
- 1 TL Salz
- 1 Prise Pfeffer
- 4 Zweige Thymian
- 4 EL frisch gehackter Dill

- Hafer ohne Zugabe von Fett im Topf anrösten, bis er zu duften anfängt. Dann 300 ml Wasser angießen und aufkochen lassen. Zitrone heiß abwaschen, trocken reiben und die Schale dünn abschälen. Zum Hafer geben und 45 Min. bei geringer Hitze köcheln lassen.

- Die abgeschälte Zitrone auspressen. Lachsfilet unter fließendem kaltem Wasser abspülen, trocken tupfen und in 2 gleich große Stücke schneiden. Auflaufform mit Olivenöl einpinseln. Die Lachsfilets mit der Hautseite nach unten hineinlegen. Mit Salz und Pfeffer würzen und mit etwas Zitronensaft beträufeln. Den Fisch abgedeckt im Kühlschrank 30 Min. marinieren. Inzwischen den Backofen auf 180 °C vorheizen.

- Thymian waschen und trocken schütteln. Marinierten Lachs mit Zitronenscheiben und Thymianzweig belegen und im vorgeheizten Ofen auf mittlerer Schiene ca. 20 Min. garen. Der Fisch sollte innen noch leicht glasig sein.

- Hafer in ein Sieb abgießen, Zitronenschale entfernen. Hafer auf Teller verteilen. Die Lachsportionen samt Zitronenscheiben obenauf anrichten. Mit Dill bestreuen und sofort servieren.

Nährwerte pro Portion:

540 kcal • 37 g E • 30 g F • 37 g KH • 5,0 g Ba (2,6 g Beta-Glukan)

BROT, BRÖTCHEN UND KUCHEN

ballaststoffreich/eiweißreich

Körnerklotz

Für 1 Kastenbrot (30 cm), 20 Scheiben
10 Min. + 12 Std. Quellzeit + 60 Min. Backzeit

125 g Sonnenblumenkerne • 70 g ganze Mandeln • 100 g Leinsamen • 150 g großblättrige Haferflocken • 2 EL Chiasamen • 4 EL Flohsamenschalen • 1 TL Salz • 1 EL Yuconsirup • 3 EL Kokosöl

- Sonnenblumenkerne, Mandeln, Leinsamen, Haferflocken, Chiasamen, Flohsamenschalen und Salz in eine Schüssel geben und vermischen. 420 ml Wasser, Yuconsirup und Kokosöl in einen Messbecher geben und verrühren. Dann zu den trockenen Zutaten geben und alles gut miteinander vermengen.

- Eine Kastenform mit Backpapier auslegen und die Seiten mit Kokosöl einfetten. Den Körnerteig in die Form füllen und oben glatt streichen. Das Ganze zugedeckt über Nacht stehen lassen.

- Backofen auf 180 °C vorheizen und dann das Brot 20 Min. backen. Herausnehmen, vorsichtig aus der Form lösen, auf ein Backblech stürzen und weitere ca. 40 Min. backen.

Nährwerte pro Scheibe:
120 kcal • 5 g E • 8 g F • 8 g KH • 3,0 g Ba (0,2 g Beta-Glucan)

grüne Vitalstoffquelle

Hafer-Zucchini-Brötchen

Für 12 Stück

20 Min. + 60 Min. Gehzeit + 20 Min. Backzeit

400 g Zucchini • 300 g Weizenmehl Type 1050 • 50 g Haferkleie • 100 g großblättrige Haferflocken • 1 Päck. Trockenhefe • 1 TL Rübensirup • 1 TL Salz • 2 EL Rapsöl

- Zucchini waschen, grob in Stücke schneiden und zu einem feinen Brei pürieren. Anschließend Mehl, Haferkleie, Haferflocken, Trockenhefe, Rübensirup und Salz mit dem Zucchinibrei vermengen. Rapsöl einrühren und den Teig kräftig kneten. Die Teigkugel etwa 30 Minuten gehen lassen, bis das Volumen sich verdoppelt hat.

- Aus dem Teig etwa 12 runde Brötchen formen und auf einem mit Backpapier ausgelegten Backblech anordnen. Die Brötchen mit einem Handtuch bedeckt weitere 30 Minuten gehen lassen.

- Den Backofen auf 180 °C vorheizen. Die Brötchen auf mittlerer Schiene etwa 20 Min. backen.

Nährwerte pro Portion:

150 kcal • 6 g E • 3 g F • 25 g KH • 3,0 g Ba (0,6 g Beta-Glucan)

ballaststoffreich

Amaranth-Leinsamen-Brötchen

Für 12 Stück

30 Min. + 60 Min Gehzeit + 20 Min. Backzeit

250 g Dinkelvollkornmehl • 150 g Amaranth, frisch gemahlen • 150 g Dinkelmehl Type 630 • 100 g kleinblättrige Haferflocken • 1 EL Salz • 1 Päck. Trockenhefe • 1 TL Honig • 50 g geschroteter Leinsamen • 420 ml lauwarmes Wasser

- Alle Zutaten in eine Schüssel geben und zu einer Teigkugel verkneten. Den Teig mindestens 30 Minuten gehen lassen, bis er sein Volumen verdoppelt hat.

- Dann aus dem Teig etwa 12 runde Brötchen formen und auf einem mit Backpapier ausgelegten Backblech anordnen. Die Brötchen mit einem Handtuch bedeckt weitere 30 Minuten gehen lassen.

- Den Backofen auf 180 °C vorheizen. Brötchen auf mittlerer Schiene etwa 20 Min. backen.

Nährwerte pro Brötchen:

200 kcal • 7 g E • 4 g F • 35 g KH • 4,9 g Ba (0,3 g Beta-Glucan)

eiweißreich

Müsli-Stangen

Für 6 Stangen/braucht etwas Zeit

⏲ 1 Std. + 30 Min. Backzeit

200 g Weizenmehl Type 1050 • 100 g großblättrige Haferflocken • 2 EL Haferkleie • 20 g Rosinen • 20 g gehackte Mandeln • 1 Päck. Trockenhefe • ½ TL Salz • 1 EL Honig • 150 ml Milch (1,5 % Fett) • 50 g Butter • 70 g Magerquark • 1 Ei

- Mehl, Haferflocken, Haferkleie, Rosinen, Mandeln, Trockenhefe, Salz und Honig in eine Schüssel geben. Die Milch erwärmen, Butter, Quark und Ei dazugeben, erst mit einem Kochlöffel unterrühren, dann mit den Händen zu einem Teig verkneten. Diesen an einem warmen Ort gehen lassen, bis sich sein Volumen verdoppelt hat.

- Teig in sechs Portionen teilen, zu Stangen formen und auf ein mit Backpapier ausgelegtes Blech setzen. Mit einem Messer tiefe Furchen einschneiden und erneut gehen lassen. Auf mittlerer Schiene im vorgeheizten Backofen bei 180 °C etwa 20 Min. goldbraun backen.

Nährwerte pro Stange:

300 kcal • 10 g E • 10 g F • 40 g KH • 3,4 g Ba (0,7 g Beta-Glucan)

sättigend

Olivenbaguette-brötchen

Für 8 Brötchen

⏲ 1 Std. + 25 Min. Backzeit

150 g Weizenmehl Type 550 • 150 g Roggenmehl Type 1150 • 100 g Weizenvollkornmehl • 100 g kleinblättrige Haferflocken • 1 Päck. Trockenhefe • 1 EL Honig • 6 EL Olivenöl • ¼ l Wasser • 1 TL Salz • 1 TL fein gehackte Rosmarinnadeln • 150 g grob gehackte schwarze Oliven • 3 EL frisch geriebener Parmesan

- Die verschiedenen Mehle und Haferflocken in eine Schüssel geben. Hefe und Honig hinzufügen. Olivenöl und lauwarmes Wasser angießen. Salz, Rosmarin und Oliven hinzufügen. Alles zu einem geschmeidigen Teig kneten und an einem warmen Ort gehen lassen, bis sich das Volumen verdoppelt hat.

- Aus dem Teig acht gleich große Brötchen formen. Mit einem Messer Rillen einschneiden. Den Backofen auf 200 °C vorheizen. Die Baguettebrötchen auf ein mit Backpapier ausgelegtes Blech setzen und noch weitere 15 Min. gehen lassen. Mit Parmesan bestreuen. Auf mittlerer Schiene etwa 25 Min. backen.

Nährwerte pro Brötchen:

320 kcal • 8 g E • 12 g F • 43 g KH • 5,3 g Ba (0,6 g Beta-Glucan)

ballaststoffreich

Knäcke-Vierecke

Für 20 kleine Scheiben
30 Min. + 90 Min. Backzeit

75 g kleinblättrige Haferflocken • 50 g Mohn • 50 g Sesam • 50 g geschroteter Leinsamen • 200 g feingeriebene Möhren • 1 TL Salz • 2 EL Rapsöl • Mohn und Sesam zum Bestreuen

- Backofen auf 125 °C vorheizen. Alle Zutaten in einer Schüssel zu einem Teig vermengen. Möhren sollten Flüssigkeit abgeben, damit der Teig sich feucht anfühlt. Ansonsten 1 bis 3 EL Wasser hinzufügen.

- Teig zwischen 2 Bögen Backpapier legen und möglichst dünn ausrollen. Das obere Backpapier entfernen. Mohn und Sesam aufstreuen, das Backpapier wieder auflegen und leicht darüberrollen, sodass die Samen anhaften.

- Backpapier entfernen, den Teig in Vierecke (5 × 5 cm) schneiden. Das Backpapier mit dem Knäcke auf ein Blech schieben. Auf unterster Schiene ca. 90 Min. backen, bis das Knäcke trocken ist. Auf einem Gitter abkühlen lassen und in einer luftdichten Dose aufbewahren.

Nährwerte pro Scheibe:
60 kcal • 2 g E • 5 g F • 3 g KH • 2,0 g Ba (0,3 g Beta-Glucan)

ballaststoffreich

Möhren-Hafer-Brötchen

Für 6 Brötchen
1 Std. + 20 Min. Backzeit

100 g Möhren • 80 g Dinkelvollkornmehl • 80 g Dinkelmehl Type 630 • 60 g kleinblättrige Haferflocken • 40 g Haferkleie • ½ Päck. Trockenhefe • 1 TL Honig • ½ TL Salz • 120 ml Milch (1,5 % Fett) • 3 EL Rapsöl • 60 g Magerquark • 1 Ei • 2 EL großblättrige Haferflocken

- Möhren waschen und fein reiben. Mehle, Haferflocken und Haferkleie, Trockenhefe, Honig und Salz in eine Schüssel geben und mischen. Möhrenraspeln untermengen. Milch erwärmen und mit Öl und Quark hinzufügen. Etwa 5 Min. zu einem Teig kneten. Teig an einem warmen Ort zugedeckt gehen lassen, bis er sich sichtbar vergrößert hat.

- Blech mit Backpapier auslegen. Backofen auf etwa 180 °C vorheizen. Den Teig zu sechs gleich großen Kugeln formen. Ei verschlagen, Brötchen damit bestreichen und mit Haferflocken bestreuen, nochmal so lange gehen lassen, bis sie sich sichtbar vergrößert haben. Auf mittlerer Schiene bei 180 °C im Backofen ca. 20 Min. backen.

Nährwerte pro Brötchen:
320 kcal • 8 g E • 17 g F • 30 g KH • 3,6 g Ba (0,8 g Beta-Glucan)

▲ Möhren-Hafer-Brötchen

sättigend

Walnuss-Maronen-Brot

Für eine Kastenform (20 × 11 cm)
1 Std. + 40 Min. Backzeit

- 150 g großblättrige Haferflocken
- 250 g Roggenvollkornmehl
- 100 g Weizenmehl Type 550
- 15 g getrockneter Sauerteigextrakt
- ½ Päck. Trockenhefe
- 1 TL Salz
- 2 EL Birnendicksaft
- 100 g grob gehackte Walnüsse
- 100 g gehackte gekochte Maronen
- 500 ml Buttermilch

● Haferflocken etwa 1 Stunde in Wasser einweichen. Dann zusammen mit den Mehlen, Sauerteigextrakt und Trockenhefe sowie Salz, Birnendicksaft, Walnüssen und Maronen in eine große Schüssel geben und mischen. Die Buttermilch erwärmen und hinzufügen. Alles mit den Knethaken eines Handrührgeräts etwa 5 Min. zu einem Teig kneten. Den Teig an einem warmen Ort zugedeckt so lange gehen lassen, bis er sich sichtbar vergrößert hat.

● Die Kastenform einfetten. Backofen auf etwa 200 °C vorheizen. Den Teig in der Form glatt verstreichen, zugedeckt nochmals so lange gehen lassen, bis sich der Teig sichtbar vergrößert hat. Dann die Form auf dem Rost auf der unteren Schiene in den Backofen schieben.

● Das Brot etwa 40 Min. backen. Herausnehmen, in der Form etwa 10 Min. stehen lassen, dann erst aus der Form lösen und auf einem Kuchenrost erkalten lassen.

Nährwerte pro Scheibe:
90 kcal • 4 g E • 4 g F • 10 g KH • 2,1 g Ba (0,2 g Beta-Glucan)

Eiweißpower

Käse-Haferflocken-Taler

40–80 Stück

20 Min. + 30 Min. ruhen + 12 Min. backen

- 80 g Parmesan
- 120 g Emmentaler, Bergkäse oder anderer Käse
- 50 g gekochte Kartoffeln (vom Vortrag)
- 150 g kleinblättrige Haferflocken
- 200 g Butter
- 1 Ei
- ½ TL Salz
- 1 Eiweiß
- optional 1–2 EL getrocknete Rosmarinnadeln, 1 TL Chilipulver, 3 EL Sesam oder Mohn

- Käse reiben und vermischen.
- Kartoffeln reiben und mit Haferflocken in eine Schüssel geben, Butter in kleinen Stückchen dazugeben. Ei, Käsemischung und Salz dazugeben. Alles zu einem homogenen Teig verkneten, in Frischhaltefolie wickeln und im Kühlschrank eine halbe Stunde ruhen lassen.
- Backofen auf 200 °C vorheizen. Den Teig portionsweise auf einer bemehlten Arbeitsfläche etwa ½ cm dick ausrollen. Kreise ausstechen und auf ein mit Backpapier belegtes Blech geben. Mit dem Eiweiß bestreichen und nach Geschmacksvorlieben mit Chili, Rosmarin, Sesam oder Mohn bestreuen.
- Für 10–12 Minuten auf mittlerer Schiene goldbraun backen und vor dem Verzehr auskühlen lassen.
- Ergibt je nach Größe der Ausstechform zwischen 40 bis 80 Stück.

Nährwerte pro Taler (mittlerer Größe):
70 kcal • 2 g E • 6 g F • 2 g KH • 0,1 g Ba (0,1 g Beta-Glucan)

verdauungsfördernd

Pflaumen-Haferflocken-Crumble

Für 2 Personen

20 Min. + 25 Min. Backzeit

250 g Pflaumen • 50 g Butter • 1 TL Zimt • 50 g Erythrit • 50 g kleinblättrige Haferflocken • 50 g Dinkelmehl (Type 630)

- Den Backofen auf 200 °C vorheizen. Pflaumen waschen, halbieren und entsteinen. Eine kleine flache Auflaufform mit etwas Butter einfetten. Die Pflaumen dicht nebeneinander in die Form setzen. Das Ganze mit dem Zimt und 2 EL Erythrit bestreuen.

- Die restliche Butter weich werden lassen. Haferflocken, Mehl und restliches Erythrit in eine Schüssel geben und vermischen. Die weiche Butter hinzufügen und das Ganze zu Streuseln verkneten. Die Streusel über die Pflaumen geben.

- Crumble auf mittlerer Schiene ca. 20 Min. backen. Herausnehmen und warm servieren.

Nährwerte pro Portion:

420 kcal • 8 g E • 23 g F • 44 g KH • 5,8 g Ba (1,2 g Beta-Glucan)

sättigend, vegan

Rhabarber-Apfel unter Haferflockenkruste

Für 2 Personen

30 Min. + 25 Min. Backzeit

250 g Rhabarber • ½ Apfel • 40 g Erythrit • 50 g Dinkelvollkornmehl • 30 g kleinblättrige Haferflocken • 20 g Kokosflocken • 50 g Kokosöl • 1 TL Puderzucker

- Rhabarber waschen, putzen und in Stücke schneiden. Apfel schälen, vierteln, Kerngehäuse entfernen und würfeln. Beides mit 2 EL Erythrit vermengen und in 2 Auflaufförmchen oder eine große Auflaufform verteilen.

- Mehl, Haferflocken und Kokosflocken sowie restliches Erythrit in einer Schüssel vermischen. Kokosöl esslöffelweise dazugeben und alles zu Streuseln verkneten. Dann über der Rhabarber-Apfel-Mischung verteilen.

- Im vorgeheizten Ofen bei 180 °C ca. 25 Min. goldbraun backen.

Tipp Dazu passen sehr gut Vanilleeis oder Schlagsahne.

Nährwerte pro Portion:

470 kcal • 7 g E • 34 g F • 34 g KH • 10,0 g Ba (0,3 g Beta-Glucan)

« Pflaumen-Haferflocken-Crumble

Ballaststoffschub

Bananenbrot

14 Stücke/kleine Kastenform (20 cm lang)
30 Min. + 45–50 Min. Backzeit

- 4 kleine reife Bananen
- 80 ml Rapsöl
- 50 g Honig
- 2 Eier
- 100 g kleinblättrige Haferflocken
- 100 g Dinkelmehl Type 630
- 25 g neutrales Eiweißpulver
- 3 TL Backpulver
- 1 Prise Salz
- 3 EL Kakaonibs
- 3 EL gehackte Walnüsse
- 1 TL Zimtpulver
- 1 Msp. Kardamom
- 50–100 ml Milch (1,5 % Fett)

● Drei Bananen aus der Schale lösen und mit einer Gabel in einer Schüssel zerdrücken.

● Öl, Honig und Eier in eine Schüssel geben und mit einem Schneebesen schaumig schlagen.

● Alle trockenen Zutaten in einer separaten Schüssel vermengen. Anschließend nach und nach zu der Eiermischung geben und zügig unterrühren. Das Bananenpüree und die Milch zum Schluss untermengen. Dabei den Teig nicht zu lange rühren.

● Ofen auf 160 °C Umluft vorheizen.

● Eine Kastenform fetten und den Teig einfüllen. Die vierte Banane schälen und der Länge nach halbieren. Die Hälften dekorativ mit der Schnittfläche nach oben auf den Teig des Bananenbrots legen.

● Das Bananenbrot auf unterer Schiene für 45–50 Minuten backen. Sollten die Bananenscheiben obenauf zu dunkel werden, mit etwas Alufolie abdecken. Am Ende der Backzeit eine Stäbchenprobe vornehmen. Wenn kein Teig am Stäbchen klebt, ist der Kuchen fertig und kann aus dem Ofen genommen werden. 10 Minuten in der Kastenform stehen lassen, dann lösen und auf ein Kuchengitter stürzen.

Nährwerte pro Stück:
190 kcal • 6 g E • 10 g F • 18 g KH • 1,7 g Ba (0,5 g Beta-Glucan)

Proteinglück

Zebra-Käsekuchen mit Haferboden

Für 12 Stück (Springform: 28 cm Ø)

25 Min. + 60 Min. Backzeit

Für den Boden:

- 100 g kleinblättrige Haferflocken
- 70 g gemahlene Mandeln
- 1 Prise Salz
- 2 EL Honig
- 75 g Butter
- ½ TL Backpulver
- 2–3 EL Milch (1,5 % Fett) optional

Für die Käsemasse:

- 1 kg Magerquark
- 200 g Erythrit (ersatzweise Zucker)
- 2 Päck. Vanillepuddingpulver
- 4 Eier
- 150 ml Rapsöl
- 200 g Doppelrahmfrischkäse
- 2 EL Kakaopulver

Haferflocken in einem Multizerkleinerer fein mahlen. Das entstandene Haferflockenmehl, gemahlene Mandeln, Salz, Honig, Butter und Backpulver zu einem Teig verkneten. Falls der Teig zu trocken wird, 2–3 EL Milch unterkneten.

Quark, Erythrit, Puddingpulver, Eier, Öl und Frischkäse mit den Schneebesen eines Handrührgeräts verrühren, sodass eine cremige Masse entsteht. Diese in zwei Teile teilen.

In die eine Hälfte die 2 EL Kakaopulver rühren. Den Boden der Springform mit dem Haferteig auskleiden. Dann die Quarkmassen mithilfe von zwei Esslöffeln abwechselnd in die Mitte der Springform geben. Die Masse verläuft von alleine und es entstehen Ringe, die man später beim Aufschneiden des Käsekuchens sieht.

Den Backofen auf 180 °C vorheizen und den Kuchen auf mittlerer Schiene etwa 50 bis 60 Minuten backen.

Nährwerte pro Portion:

410 kcal • 18 g E • 30 g F • 30 g KH • 1,9 g Ba (0,4 g Beta-Glucan)

Knusperwunder

Haferflocken-florentiner

Für 12 Stück

30 Min. + 10 Min. Backzeit

40 g Butter • 50 g großblättrige Haferflocken • 30 g Erythrit • 50 g gehobelte Mandeln • ¼ TL Zimt • 50 ml Sahne • 50 g Zartbitterschokolade (mind. 85 % Kakaoanteil)

- Butter in einem Topf schmelzen lassen. Haferflocken mit Erythrit, Mandeln und Zimt verrühren, zur Butter geben und rühren. Sahne hinzugeben und alles 3 Minuten köcheln lassen.

- Backofen auf 180 °C vorheizen.

- Backblech mit Backpapier auslegen und mit zwei Teelöffeln kleine Berge aus der Florentinermasse aufs Blech setzen. Im vorgeheizten Backofen auf höchster Schiene etwa 10 Minuten backen.

- Herausnehmen und auf einem Gitter vollständig abkühlen lassen.

- Zartbitterschokolade im Wasserbad schmelzen und die Unterseite der Florentiner mit Schokolade bestreichen. Trocknen lassen und genießen.

Nährwerte pro Portion:

100 kcal • 2 g E • 8 g F • 5 g KH • 1,7 g Ba (0,2 g Beta-Glucan)

ballaststoffreich

Dänischer Apfelkuchen

Für 8 Stücke (20 cm Springform)

30 Min. + 30 Min. Backzeit

50 g Butter • 2 Eigelbe • 200 g Erythrit • 2 EL Vanille-Erythrit • 75 g kleinblättrige Haferflocken • 75 g Dinkelmehl Type 630 • 350 g Äpfel (Boskoop, Gravensteiner) • 50 g gehackte Walnüsse • 2 Eiweiß • 100 g Erythrit

- Butter, Eigelbe und 100 g Erythrit sowie Vanille-Erythrit schaumig schlagen. Mehl und Haferflocken unterkneten. Den Teig in eine mit Backpapier ausgelegte Springform (20 cm Durchmesser) verteilen und andrücken. Den Backofen auf 200 °C vorheizen.

- Äpfel schälen, von Kerngehäuse befreien und in Würfel schneiden. Eiweiß steif schlagen, das restliche Erythrit einrieseln lassen. Äpfel und Walnüsse zur Baisermasse geben und vermengen. Das Ganze gleichmäßig auf dem Teig verteilen. Im vorgeheizten Backofen bei Unter- und Oberhitze auf mittlerer Schiene etwa 30 Minuten backen (bei Umluft wird das Baiser nicht fest).

Nährwerte pro Stück:

220 kcal • 5 g E • 12 g F • 19 g KH • 2,6 g Ba (0,4 g Beta-Glucan)

Dänischer Apfelkuchen

vegan

Haferflocken-Erdnuss-Riegel

30 Riegel
20 Min. + 1,5 Std. Kühlzeit

250 g ungesüßtes Erdnussmus • 60 g Honig • 50 g Kokosöl • 200 g großblättrige Haferflocken • 100 g vegane Zartbitterschokolade • grobes Meersalz

- Erdnussmus, Honig und Kokosöl in einen Topf geben und bei niedriger Stufe unter Rühren zu einer homogenen Masse rühren. Die Haferflocken unterrühren.

- Eine Plastikschale mit den Ausmaßen 20 × 30 cm mit Backpapier auskleiden. Die Erdnussmasse hineingeben und 30 Min. im Gefrierschrank kühlen.

- Inzwischen die Schokolade bei geringer Hitze, am besten über einem Wasserbad, schmelzen. Die flüssige Schokolade über die gehärtete Erdnussmasse verteilen. Das Ganze für mindestens eine weitere Stunde in den Gefrierschrank stellen.

- Die feste Masse in 30 Riegel von 10 cm Länge und 1–2 cm Breite schneiden.

Nährwerte pro Riegel:
110 kcal • 3 g E • 7 g F • 8 g KH • 1,7 g Ba (0,2 g Beta-Glucan)

vegan

Powerkugeln mit Zimt

15 Kugeln
25 Min. + 1 Std. Kühlzeit

120 g Mandeln • 50 g kleinblättrige Haferflocken • 100 g Datteln (soft) • 4 EL Orangensaft • 2 TL Zimt (alternativ Lebkuchengewürz)

- Mandeln in einem Multifunktionsgerät oder Mixer mahlen. Datteln sehr fein hacken oder besser zu Mus mixen. Bis auf 20 g gemahlene Mandeln alles zusammen in eine Schüssel geben und zu einem Teig verkneten.

- Die restlichen gemahlenen Mandeln auf einen tiefen Teller geben. Aus der Masse walnussgroße Kugeln abstechen, in den Mandeln wälzen und zu Kugeln formen.

- Die Powerkugeln etwa eine Stunde im Kühlschrank durchziehen lassen und genießen. Die Kugeln halten bis zu einer Woche im Kühlschrank.

Nährwerte pro Kugel:
80 kcal • 3 g E • 5 g F • 7 g KH • 1,9 g Ba (0,3 g Beta-Glucan)

vegan

Powerkugeln mit Kokos

12 Kugeln

25 Min. + 1 Std. Kühlzeit

80 g Mandelmus • 30 g Kakaopulver • 60 ml Haferdrink • 50 g Aprikosen (soft) • 100 g kleinblättrige Haferflocken • 30 g Kokosflocken

- Mandelmus zusammen mit Kakaopulver und Haferdrink in ein Multifunktionsgerät geben und zu einer geschmeidigen Masse rühren. Aprikosen in feine Würfel schneiden und dazugeben. Alles zu einer homogenen Masse pürieren. Dann die Haferflocken unterrühren.

- Kokosflocken auf einen tiefen Teller geben. Aus der Masse walnussgroße Kugeln abstechen, in den Kokosraspeln wälzen und zu Kugeln formen.

- Powerkugeln etwa eine Stunde im Kühlschrank durchziehen lassen und genießen. Die Kugeln halten bis zu einer Woche im Kühlschrank.

Nährwerte pro Kugel:

110 kcal • 3 g E • 7 g F • 9 g KH • 2,9 g Ba (0,2 g Beta-Glucan)

ballaststoffreich

American Oats Cookies

Für 12 Stück

20 Min. + 20 Min. Backzeit

100 g Weizenmehl Type 1050 • 50 g kleinblättrige Haferflocken • 50 g großblättrige Haferflocken • ½ TL Natron • ½ TL Backpulver • ½ TL abgeriebene Schale einer unbehandelten Orange • etwa Salz • 100 g Honig • 100 g Butter • 1 Ei • 80 g gehackte Haselnüsse

- Mehl, Haferflocken, Natron, Backpulver, Orangenschale und Salz in einer Schüssel vermischen. Den Backofen auf 180 °C vorheizen.

- Honig, Butter und Ei in eine Rührschüssel geben und schaumig schlagen. Mehlmischung unterrühren und zum Schluss die gehackten Haselnüsse unterheben.

- Ein Blech mit Backpapier belegen und mithilfe von zwei Esslöffeln große und flache Häufchen mit ausreichend Abstand aufs Backpapier drücken. Die Cookies etwa 15–20 Min. auf mittlerer Schiene backen.

Nährwerte pro Keks:

180 kcal • 4 g E • 11 g F • 17 g KH • 1,7 g Ba (0,2 g Beta-Glucan)

Rezeptregister

Sachregister

Bibliografische Information der Deutschen Nationalbibliothek
Die Deutsche Nationalbibliothek verzeichnet diese Publikation in der Deutschen Nationalbibliografie; detaillierte bibliografische Daten sind im Internet über http://dnb.d-nb.de abrufbar.

Programmplanung: Uta Spieldiener
Projektmanagement: Manuela Hunfeld
Redaktion: Dr. Sabine Klonk
Bildredaktion: Christoph Frick, Marie Crämer
Covergestaltung: © Thieme
Layout: CYCLUS · Visuelle Kommunikation, Stuttgart

Bildnachweis:
Covermotiv und Bild S. 3: © timolina/stock.adobe.com
Autorinnenfoto: T. W. Klein (Frankfurt a. M.)
Inhalt:
S. 37: Löffel mit Haferflocken © Berzyk/stock.adobe.com, Text und gestalterische Anpassungen von Susi Schaaf, Grafikerin; S. 50 links: © Tatiana/stock.adobe.com; S. 50/51 Mitte: © Moving Moment/stock.adobe.com; S. 51 rechts: © Mara Zemgaliete/stock.adobe.com; alle weiteren Fotos: © M. Bergmann/Thieme

Die abgebildeten Personen haben in keiner Weise etwas mit dem Thema zu tun.

Zeichnungen: Susi Schaaf, Bellheim

1. Auflage 2024

TRIAS Verlag in Georg Thieme Verlag KG
Rüdigerstraße 14, 70469 Stuttgart, Germany
www.trias-verlag.de

Printed in Germany

Satz: Reemers Publishing Services GmbH, Krefeld
Druck: AZ Druck und Datentechnik GmbH, Kempten.

Gedruckt auf chlorfrei gebleichtem Papier

ISBN 978-3-432-11871-0
Auch erhältlich als E-Book:
eISBN (ePub) 978-3-432-11872-7

1 2 3 4 5 6

Thieme Publikationen streben nach einer fachlich korrekten und unmissverständlichen Sprache. Dabei lehnt Thieme jeden Sprachgebrauch ab, der Menschen beleidigt oder diskriminiert, beispielsweise aufgrund einer Herkunft, Behinderung oder eines Geschlechts. Thieme wendet sich zudem gleichermaßen an Menschen jeder Geschlechtsidentität. Die Thieme Rechtschreibkonvention nennt Autor*innen mittlerweile konkrete Beispiele, wie sie alle Lesenden gleichberechtigt ansprechen können. Die Ansprache aller Menschen ist ausdrücklich auch dort intendiert, wo im Text (etwa aus Gründen der Leseleichtigkeit, des Text-Umfangs oder des situativen Stil-Empfindens) z. B. nur ein generisches Maskulinum verwendet wird.

Datenschutz
Wo datenschutzrechtlich erforderlich, wurden die Namen und weitere Daten von Personen redaktionell verändert (Tarnnamen). Dies ist grundsätzlich der Fall bei Patient*innen, ihren Angehörigen und Freund*innen, z. T. auch bei weiteren Personen, die z. B. in die Behandlung von Patient*innen eingebunden sind.